共通テスト

新課程 攻略問題集

歴史総合、
日本史探究

JN022814

教学社

はじめに

『共通テスト新課程攻略問題集』刊行に寄せて

　本書は，2025 年 1 月以降に「大学入学共通テスト」（以下，共通テスト）を受験する人のための，基礎からわかる，対策問題集です。

　2025 年度の入試から新課程入試が始まります。共通テストにおいても，教科・科目が再編成されますが，2022 年に高校に進学した人は，1 年生のうちから既に新課程で学んでいますので，まずは普段の学習を基本にしましょう。

　新課程の共通テストで特に重視されるのは，「思考力」です。単に知識があるかどうかではなく，知識を使って考えることができるかどうかが問われます。また，学習の過程を意識した身近な場面設定が多く見られ，複数の資料を読み取るなどの特徴もあります。とは言え，これらの特徴は，2021 年度からの共通テストや，その前身の大学入試センター試験（以下，センター試験）の出題の傾向を引き継ぐ形です。

　そこで本書では，必要以上にテストの変化にたじろぐことなく，落ち着いて新課程の対策が始められるよう，大学入試センターから公表された資料等を詳細に分析し，対策に最適な問題を精選しています。そして，初歩から実戦レベルまで，効率よく演習できるよう，分類・配列にも工夫を施しています。早速，本書を開いて，今日から対策を始めましょう！

　受験生の皆さんにとって本書が，共通テストへ向けた攻略の着実な一歩となることを願っています。

教学社 編集部

監修・作題・執筆協力　山野井功夫（埼玉県立伊奈学園総合高等学校教諭）
作題・執筆協力　　　　内堀隆樹，佐藤四郎，髙橋貞喜（埼玉県立川越女子高等学校教諭），淺岡宏二（埼玉県私立武南中学校・高等学校教諭）

もくじ

※大学入試センターからの公開資料等について，本書では下記のように示しています。

- **サンプル問題**：〔新課程〕でのテストに向けて，2021年3月に変更の多い4科目のみで作問の方向性を示すものとして公表されたテストの一部。
- **試作問題**：〔新課程〕でのテストに向けて，2022年11月に一部の科目で作問の方向性を示すものとして公表されたテストの全体または一部。
- **プレテスト**：「センター試験」から「共通テスト」へ変更する際，2017・2018年度に実施された試行調査。
  →なお，共通テストは2021年度から。それ以前はセンター試験（1990〜2020年度）。

※本書に収載している，共通テストやその試作問題・サンプル問題・プレテストに関する〔正解・配点〕は，大学入試センターから公表されたものです。

※共通テストに即した対策ができるよう，一部の演習問題は，大学入試センターの許可を得て，センター試験および各大学の過去問をもとに，アレンジしています。

※本書の内容は，2023年6月時点の情報に基づいています。最新情報については，大学入試センターのウェブサイト（https://www.dnc.ac.jp/）等で，必ず確認してください。

凡 例

CHECK 設問に関連する内容で，よくねらわれる事項を示しています。

NOTE 関連づけたり整理したりして覚えるべき事柄を，図や表でまとめています。

本書の特長と使い方

　本書は，2025年度から実施される共通テストの新科目「歴史総合，日本史探究」を受験する人のための対策問題集です。試作問題やこれまでの共通テストの問題などを徹底解説するとともに，その分析結果に基づき，本番に向けて取り組んでおきたい問題を精選・収載し，丁寧な解説を付しています。

››› 共通テストの基本知識を身につける

　本書では，新科目「歴史総合，日本史探究」の問題全体について，試作問題と，これまでの共通テスト「日本史B」とそのプレテストとを徹底的に比較・分析し，新科目の対策において重要な点を詳しく説明しています（→**「分析と対策」**）。

››› 時代別の「まとめ」と問題演習で実力養成

　「時代別の演習」第1章〜第5章では，試作問題のうち，「日本史探究」パートの大問構成に沿って，時代別に演習問題を収載しています。演習問題としては，共通テストで求められる読解力・分析力・思考力を養えるよう，独自に作成したオリジナル問題のほか，共通テストやプレテストから選んだ良問や，センター試験や大学入試の過去問をアレンジした問題を掲載しています。「第5章　近現代」では，「歴史総合」対策を兼ねた問題を　総　合　マークで示しています。

　各章の冒頭には，それぞれの時代の重要事項や出来事の流れをわかりやすく整理した**「まとめ」**を設けています。問題演習に取り組む前に目を通し，時代の特徴や変化をつかんでおくと効果的でしょう。

››› 実戦問題で総仕上げ

　巻末には**「実戦問題」**として2022年度「歴史総合，日本史探究」試作問題をそのまま収載しており，本番形式でのチャレンジに最適です。ただし，従来の共通テストに比べて問題頁数がかなり多く，実際には適切な問題頁数になると思われるため（→**「分析と対策」**），試験時間にとらわれず，問題にじっくり取り組むことをおすすめします。「歴史総合」については，2021年度サンプル問題を丸ごと収載しました。

　「時代別の演習」でも，「実戦問題」でも，解き終えたら必ず解説に目を通し，必要な知識や解き方を確認してください。また，共通テストでは，問題の本質を素早く見抜くことが大切です。各設問の解説冒頭では，何を問うている問題なのか，解くにあたって必要な力は何かを明示していますので，参考にしてください。

分析と対策

◼ 出題の傾向と求められる力

　2025 年度の共通テストから，新科目「歴史総合，日本史探究」が出題されます。これに先立ち，大学入試センターは 2022 年 11 月に試作問題を公表しました。また，2021〜2023 年度の共通テスト「日本史 B」や，2017・2018 年度に実施された 2 回のプレテストからも，「歴史総合，日本史探究」に向けた出題の変化が読み取れます。

　そこで，試作問題を中心に，これまでの共通テストやプレテストの問題もあわせて比較・分析することで，「歴史総合，日本史探究」の対策を紹介していきます。

◆ 試験時間・大問構成

　試作問題はこれまでの共通テストと同様，大問数 6 題，試験時間 60 分，100 点満点の設定でした。しかし，大問構成が変わり，**第 1 問が「歴史総合」からの出題**となりました。その分，近現代の出題は第 6 問のみとなりましたが，「歴史総合」は近現代を中心とした科目ですから，実質的に**大問 6 題中 2 題が近現代からの出題**であることに変わりはありません。しかも，2 題分の配点は 34 点から 40 点へと増加しており，近現代の比重が大きくなることが予想されます。

●大問別の出題内容

	第 1 問	第 2 問	第 3 問	第 4 問	第 5 問	第 6 問
2023 年度共通テスト本試験	テーマ史 （18 点）	原始・古代 （16 点）	中世 （16 点）	近世 （16 点）	近代 （12 点）	近現代 （22 点）
試作問題	歴史総合 （25 点）	テーマ史 （15 点）	原始・古代 （15 点）	中世 （15 点）	近世 （15 点）	近現代 （15 点）

◆ 問題の量・出題形式

　試作問題もマークシート方式による選択式となっています。解答個数は共通テストの 32 個に対して，試作問題は 34 個と微増しました。顕著な変化は，**問題頁数が大幅に増加**し，従来の 29〜32 頁に対して，試作問題は 39 頁となったことです。これは，

主題学習などの場面が設定された問題が多いことによります。ただし，大学入試センターは「問題の分量は，試験時間に応じた適切なものとなるように配慮する」としており，**実際の出題では，試験時間 60 分に見合った問題頁数になると予想されます。**

　出題形式をみると，試作問題もこれまでの共通テストも，文章の正誤や語句などの組合せ問題が 20 問前後と最も多くなっています。その他の形式では，試作問題は正文・誤文選択問題が 12 問と多い一方，年代・時代配列問題は 2 問に減っていますが，出題形式そのものは，試作問題もこれまでの共通テストを踏襲しているといえるでしょう。なお，共通テスト実施前のプレテストでは，解答個数 2 個にわたる連動型の問題もみられました。前で選択した項目によって，後の正答が変わるというものでした。

●問題の量・出題形式

	試作問題	2023 年度 本試験	2022 年度 本試験	2021 年度 第 1 日程	2021 年度 第 2 日程
問題頁数	39 頁	32 頁	32 頁	31 頁	29 頁
設問数（解答個数）	33 問 (34 個)	32 問 (32 個)	32 問 (32 個)	32 問 (32 個)	32 問 (32 個)
正文・誤文選択	12 問	7 問	7 問	6 問	8 問
組合せ	20 問	20 問	19 問	21 問	19 問
年代・時代配列	2 問	5 問	6 問	4 問	4 問
選択（用語など）	0 問	0 問	0 問	1 問	1 問

◆ 問題文

　センター試験では，各大問または中問の冒頭に比較的長めのリード文や会話文が置かれていました。共通テストでは，従来のリード文は減少して，その代わりに「歴史総合」や「日本史探究」を意識したと思える，主題学習や発表・レポート作成といった設定が登場して，読み取りの重要性が増しました。この傾向は，試作問題ではさらに顕著となっています。会話文も，テーマ史やその他の大問で出題が続いています。

●問題文のタイプ

	試作問題	2023 年度 本試験	2022 年度 本試験	2021 年度 第 1 日程	2021 年度 第 2 日程
リード文	0	2	2	3	5
主題学習，発表・レポート	5	3	2	2	2
会話文	3	4	4	2	2

（注）　大問単位，もしくは中問が設けられている場合は中問単位でカウント。

◆ 問われる内容の変化

▶▶▶ 資料の数と種類が増加，読み取りはほぼ必須！

　共通テストでは，**資料（文字資料や図版・グラフ・統計表・年表・図表・地図など）の数と種類が大幅に増加し，試作問題はその傾向がさらに顕著になっています。**図版（写真・絵など）も，センター試験では読み取りを要しないこともありましたが，共通テストや試作問題では読み取りが必要な場合がほとんどです。**複数の資料を用い，比較・分析や総合的な読み取りを求める問題**もみられます。**多彩な資料から情報を的確に読み取り，それをもとに正解を導き出す力**が求められています。

● 資料の量

	試作問題	2023年度 本試験	2022年度 本試験	2021年度 第1日程	2021年度 第2日程
資料（うち複数資料）	21問 （3問）	17問 （6問）	18問 （5問）	13問 （1問）	15問 （2問）
文字資料	11問	10問	8問	6問	9問
図版	5問	0問	2問	3問	1問
グラフ・統計表	3問	1問	2問	2問	1問
年表	0問	1問	3問	0問	4問
図表	1問	2問	2問	1問	2問
地図	3問	3問	1問	1問	0問

（注）　資料の点数ではなく，資料に関わる設問数でカウント。

▶▶▶ 単純な知識問題は減少，考えさせる問題が増加！

　共通テストでは**用語の知識のみを問う問題は減少し，出来事の意味や意義，時代の特色などの理解を試す問題が増加**しました。たとえば，時代を超えた比較，歴史的評価とその根拠，歴史的事象とその背景，資料の分析方法と分析結果などを問う出題がなされています。**用語を明示せず，説明から推測させる出題**も目立ちます。これらの傾向は，試作問題にも引き継がれています。

　試作問題ではさらに，資料の読み取りをもとにした類推や考察，資料の筆者の立場や目的，探究を深めるための課題とそのために適当な資料の組合せ，時代の移行期における権力の変化，身近な出来事の理由となる歴史上の事柄などの出題が目を引きました。これらは，歴史的な経緯をふまえ，広い視野に立って，現代の課題を解決に導く力を育成しようとする，新科目の趣旨を反映したものと思われます。こうしたタイ

プの問題が，2025 年度からの共通テストで出題される可能性は極めて高いでしょう。

◆◆ 求められる力・難易度

　試作問題や現行の共通テストを見る限り，「歴史総合，日本史探究」でも，一問一答式の細かな知識の集積はそれほど必要とされず，**題意（出題の趣旨）を読み解く力や資料の読解力・分析力，情報処理の的確さ，歴史を多面的にとらえる柔軟な思考力**などが問われることになるでしょう。問題構成が複雑で，資料が多用されて情報量が多いため，こうした出題に慣れていない人には，難度が高く思えるでしょう。時代相や歴史的事象の展開がつかめていなかったり，複数の資料を読み解きながら情報をうまく処理することに慣れていなかったりすると，正解に至ることが難しい設問もみられます。

　では，「歴史総合，日本史探究」の出題に向けて，どのように備えていけばよいのでしょうか。

　まずは，日頃から授業の時や教科書や参考書を読む時に，**「なぜ」「それで」「だから」**などといった疑問や関心をもって主体的に臨むことです。そして，実際に問題を解く際には，題意の把握と資料が伝える情報の読み取りに努めましょう。その上で，基本的な知識・理解に立って，情報をもとに客観的に判断していくことが重要です。つまり，求められる資質・能力は，「歴史に向き合う態度（＝意欲・関心）」と「問題文や資料の読み取り（＝読解力・分析力）」，それらをもとに「**問題を解決するプロセス（＝地頭力）**」だといえるでしょう。

　資料の読み取り自体は，（注）も多用されているので，決して難しいものではありません。一部には，歴史の知識に関係なく，論理的に考えれば正解が得られる設問さえあります。ただ，題意の把握や資料の読解に時間を要するため，時間的に余裕があるとはいえないでしょう。問題演習を通じて，題意や資料を効率よく読み解き，根拠をもって正解を導き出す要領を身につけておきましょう。時間配分を意識し，時間をかけてじっくり解くべき設問とそうでない設問を見きわめる目を養っておくことも必要です。

■ 問題タイプ別の攻略法

　共通テストでは，時間的にあまり余裕がなく，問題演習を通して解き方を身につけておくことが大切だと述べました。

　そこで，これまでの共通テストやプレテストも参照しながら，「文字資料（＝史料）問題」「写真・絵図問題」「年代・時代把握問題」「考察・評価問題」「統計表・グラフ問題」「地図・地理的知識問題」「複数資料問題」「探究課題と資料の組合せ問題」のタイプ別に，実戦的な攻略法を紹介していきます。

◆ 文字資料（＝史料）問題

　問われるのは第一に**史料の読解力**ですが，（注）が多用されていて，初見史料でも読めるように工夫されています。史料に関連する知識が問われたり，選択肢に史料を用いたり，**史料が書かれた意図や時代背景を考察させる**問題などもあります。

- ✔ **史料の出典・年代・（注）**は必ず確認。解答の重要な手がかりとなる。
- ✔ 文中から**キーワード（歴史用語）**を探し，何に関する史料かを推察する。
- ✔ 下線部の前後は特に注意して読む。
- ✔ 読み取った情報に知識を関連づけながら，選択肢の正誤を判断する。

◆ 写真・絵図問題

　写真や絵図が表している内容（情報）を読み取らせ，時代背景や歴史的意義などを考察させる形式となっていて，文字資料を伴う場合もあります。選択肢の根拠が写真や絵図の中に見出せるかどうかを判断していけば，正解が得られます。

- ✔ **拡大図・（注）・文字資料**などによる補足を解答の手がかりとする。
- ✔ **時代を表す特徴的な部分**に加え，絵画はジャンルや描かれ方にも着目する。

◆ 年代・時代把握問題

　出来事について述べた短文や，史料文などを，年代順（時代順）に配列させる問題です。新しい特徴として，地図の配列問題が出題されており，今後は年代暗記よりも**歴史的推移や出来事の因果関係を問う**ものがねらわれる可能性もあります。

- ✔ 文中の**キーワード**に着目し，年代（時代）を特定する。
- ✔ 年代（時代）が特定できなくても，前後関係により選択肢を絞る。

◆ 考察・評価問題

　生徒の作成したレポート・発表資料・年表などを題材に，**歴史の転換点とその理由を考察させる問題や，時代や出来事の評価をさせる問題**です。プレテスト以降，しばしば出題されるようになった新傾向の問題で，異なる立場から考察させるなど多面的な評価を求めるものもみられます。

> ✔　**設問文をよく読み**，何を考察・評価させたいのか，**意図を正確にくみ取る。**
> ✔　レポート・発表資料などの趣旨をふまえつつ，挙げられている出来事・評価の根拠となる文はどれか，**手持ちの知識を活用**して見きわめる。

▶▶▶ 例題 1：2021 年度第 1 日程　第 3 問　問 1 (1)・(2)
　　　　　　（文字資料（＝史料）問題，写真・絵図問題）

問 1　下線部ⓐに関連して，紀伊国那賀郡神野真国荘の成立に当たって作成された**史料**と**図**（次ページ）について，下の問い(1)・(2)に答えよ。

(1)　次の**史料**に関して述べた下の文**X・Y**について，その正誤の組合せとして正しいものを，下の①〜④のうちから一つ選べ。

史料

紀伊国留守所(注1)が，那賀郡司に符す(注2)
このたび院庁下文のとおり，院の使者と共に荘園の境界を定めて牓示(注3)を打ち，山間部に神野真国荘を立券し(注4)，紀伊国衙に報告すること。
　　　康治二(1143)年二月十六日

　　　　　　　　　　　　　　　　　　　　　　　　（早稲田大学所蔵，大意）

（注1）　留守所：国司が遙任の場合に，国衙に設置された行政の中心機関。
（注2）　符す：上級の役所から下級の役所へ文書を下達すること。
（注3）　牓示：領域を示すために作られた目印のこと。杭が打たれたり，大きな石が置かれたりした。
（注4）　立券：ここでは牓示を打ち，文書を作成するなど，荘園認定の手続きを進めることを指す。

X　**史料**は，院庁の命を受けて，紀伊国衙が那賀郡司に対して下した文書である。

Y　**史料**では，那賀郡司に対し，院の使者とともに現地に赴き，荘園認定のための作業をするよう命じている。

①　**X**　正　**Y**　正　　　　　②　**X**　正　**Y**　誤
③　**X**　誤　**Y**　正　　　　　④　**X**　誤　**Y**　誤

(2) 次の図を読み解く方法について述べた下の文 **X・Y** と，その方法で分かる
ことについて述べた文 **a ~ d** との組合せとして最も適当なものを，下の①~
④のうちから一つ選べ。

図 紀伊国那賀郡神野真国荘絵図

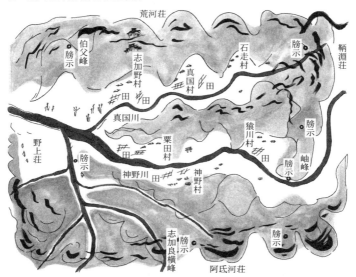

（神護寺所蔵，トレース図）

X 牓示が設置された場所を見つける。

Y 牓示と牓示とを線でつないでみる。

a 牓示は，田や村の中心に設置されている。

b 牓示は，山の中（図の色地）や川沿いに設置されている。

c この荘園の領域が見えてくる。

d この荘園内の各村の境界が見えてくる。

① X — a　　Y — c　　　　② X — a　　Y — d
③ X — b　　Y — c　　　　④ X — b　　Y — d

　　院政期における荘園の成立をテーマとする出題です。(1)は史料から荘園成立のた
めの手続きと，それがどこからどこへ伝達されたかという命令系統を読み取る問題
です。(注)にある情報が判断の決め手になります。(2)は荘園絵図を2通りの方法で
読み解かせ，それぞれの方法からわかる事柄を考察させる問題です。ここでも，(1)
の史料の(注)が重要なヒントになっています。

>>> 例題2：2021年度第2日程 第6問 問5（考察・評価問題）

B

　穀物の中でも米は食生活の中心にあった。しかし米を主食にできた人々は少なく，特に農村では米，雑穀，麦，イモ類などを混ぜて食べていた。

　明治時代以降の人口増加による需要の拡大に伴い，米や麦は生産量が増加するとともに，海外からの供給も増加した。東南アジアなどでとれた米は，内地の米に比べて安価で，凶作や米価の高騰の際に，ⓓ都市の貧民や貧しい農民らが消費していた。また，ⓔ日本国外から国内に輸入する米の関税については，様々な議論が交わされた。

（後略）

問5　下線部ⓔに関連して，第一次世界大戦の直前には，関税の維持か廃止かをめぐって議論が生じていた。米の関税維持・廃止の**支持層X・Y**と，それぞれの支持の**理由a～d**との組合せとして最も適当なものを，下の①～④のうちから一つ選べ。

支持層

X　米の関税維持を支持する層。例えば，農地を所有し小作米を収入源とする地主。

Y　米の関税廃止を支持する層。例えば，賃金を支払って，労働者を雇用する資本家。

理由

a　国内の米価の安定を望んでいるから。

b　国内の米価の低下を望んでいるから。

c　消費者の生活費の低下を望んでいるから。

d　消費者の生活費の上昇を望んでいるから。

① X－a　　Y－c　　　② X－a　　Y－d
③ X－b　　Y－c　　　④ X－b　　Y－d

　第一次世界大戦の直前期における，輸入米の関税維持・廃止による影響を，「小作米を収入源とする地主」「労働者を雇用する資本家」のそれぞれの立場から考えてみましょう。リード文に「（輸入米は）内地の米に比べて安価で，凶作や米価の高騰の際に，都市の貧民や貧しい農民らが消費していた」とあるのもヒントです。

◆◆ 統計表・グラフ問題

統計表・グラフは，主に経済・社会分野において出題されます。**数値を読み取らせた上で，その変化の意味や背景を考察させる**問題が主流ですが，統計表中の空欄に数値を補充する問題も出題されています。

- ✔ **数値が大きく変化している箇所**に着目し，その時期を確認する。
- ✔ 変化の背景となる経済政策・条約・戦争などの歴史的事象との関係を考察する。

◆◆ 地図・地理的知識問題

共通テストでは，中国古代王朝の領域を示した地図の配列問題が目を引きましたが，一方で，中世の遺跡の白地図上の位置を問うような，センター試験タイプの問題もみられます。試作問題でも，アメリカによる太平洋横断航路開設や大阪商船の定期航路，古代の都城と水陸交通路など，地図を読み解かせる問題が複数みられました。

- ✔ 凡例や（注）をもとに，地図から必要な情報を読み取る。年代（時代）や地形にも注意する。
- ✔ 普段から，地名や建造物などの地図上の位置を確認しておくとともに，政治・外交といった歴史上の動きを地理的位置とリンクさせながら把握しておく。

◆◆ 複数資料問題

複数の資料を読み解かせ，内容・特徴を比較させる問題や，出来事の背景・要因・影響などを様々な視点から総合的に考察させる問題です。歴史全般にわたる思考力・考察力が問われる，「歴史総合」や「日本史探究」らしい問題といえます。

- ✔ 設問文や見出しをヒントに，資料どうしの関係性を整理する。
- ✔ これまで確認してきた問題タイプごとのポイントを駆使して解く。
- ✔ 文字資料や（注）が考察のヒントになることが多いので，読み飛ばさないこと。

▶▶▶例題 3 ：第 2 回プレテスト 第 5 問 問 5 （複数資料問題）

問 5　次の**資料Ⅰ～Ⅳ**は，日清戦争後の日本や日本と諸外国との関係を示している。**資料Ⅰ～Ⅳ**を参考にして，イギリスが利益を得ることになった下関条約の条項を，下の**①～④**のうちから二つ選べ。

資料Ⅰ　日清戦争の賠償金の使途　　資料Ⅱ　主な開港場と列強の勢力範囲(1900年前後)

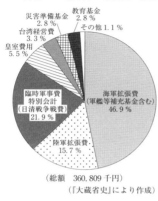

（総額　360,809 千円）
（『大蔵省史』により作成）

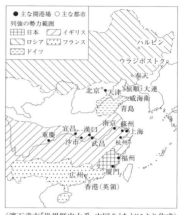

（濱下武志『世界歴史大系 中国 5』などにより作成）
（注）　アヘン戦争後，清国はイギリス・アメリカ・フランスに片務的な最恵国待遇を認めていた。

資料Ⅲ

日本の主力艦調達先
（日清戦争後～日露戦争）

種別	調達先	隻数
戦艦	イギリス	4 隻
巡洋艦	イギリス	4 隻
	イタリア	2 隻
	フランス	1 隻
	ドイツ	1 隻

（『日本外交文書』により作成）

資料Ⅳ

清国の対外借款（日清戦争賠償金関係）

成立時期	借款金額	年利	借款引受国
1895 年	4 億フラン	4.0 %	ロシア・フランス
	（英貨換算　1,582 万ポンド）		
1896 年	1,600 万ポンド	5.0 %	イギリス・ドイツ
1898 年	1,600 万ポンド	4.5 %	イギリス・ドイツ

（『日本外交文書』などにより作成）

①　清国は朝鮮の独立を認める。

②　遼東半島・台湾・澎湖諸島を日本に割譲する。

③　日本に賠償金 2 億 両 を支払う。

④　新たに沙市・重慶・蘇州・杭州を開市・開港する。

　下関条約とイギリスの利益との関連性に着目した問題です。資料が 4 点もあるので，内容から 2 つに分けて考察してみましょう。ⓐ資料Ⅰと資料Ⅲから賠償金の主な使途と支払先を，資料Ⅳで清国の賠償金調達方法を読み取ります。ⓑ資料Ⅱではイギリスの勢力範囲と開港場の分布を確認します。（注）にも要注意です。ⓐ・ⓑそれぞれから，イギリスが利益を得ることになった下関条約の条項が導き出せます。

◆ 探究課題と資料の組合せ問題

　試作問題では第1問 問9と第6問 問4が,「さらに探究するための課題」や「疑問」とそれらを探究(検証)するにふさわしい資料(方法)との組合せを問う問題でした。「歴史総合」や「日本史探究」の科目の趣旨を反映した特色ある出題といえます。第1問 問9のように**大問の最後で出題される場合は,それまでの考察をふまえた検討が求められる**ことがあります。

> ✔ 　資料(方法)の吟味にあたっては,**時期が異なるものや,関係ないものを消去**する。
>
> ✔ 　その小問だけでなく,リード文や他の小問も含めて,大問全体を俯瞰してヒントやキーワードを見出す。
>
> ✔ 　普段から,抽象的なテーマ(「国民国家の形成」など)と歴史上の具体的な出来事とを結びつけられるようにしておく。

■ 必見！「歴史総合」の問題と解き方

　試作問題では，第1問が「歴史総合」から出題されました。100点満点中25点の配点で，決してあなどれません。なお，「歴史総合，世界史探究」の試作問題も，第1問が「歴史総合」からの出題となっていましたが，「歴史総合，日本史探究」との共通問題ではなく別問題でした。

　さて，「歴史総合」は，従来の日本史と世界史という枠組みを取りはらい，近現代における世界と日本の歴史と相互の関わり合いを学ぶ新科目ですが，実際にどのような問題が出題され，どれくらい世界史の知識が問われるのでしょうか。また，解き方のコツはあるのでしょうか。試作問題とそれに先立って2021年3月に公表された「歴史総合」のサンプル問題の分析からみえてきたことをお伝えします。

◆◆ 問題の特徴

　試作問題では，「人やモノの移動とその影響」をテーマに，19世紀の交通革命と，19世紀末～20世紀の環太平洋地域における人の移動が取り上げられました。また，サンプル問題は，20世紀後半の東西冷戦と，19世紀～20世紀前半の世界の諸地域における近代化の過程をテーマとした出題でした。いずれも主題学習の設定で，資料が多用されています。大問を通じて，**必要な情報を的確かつ迅速に読み解く力**が試されており，資料の読み取りや判断につまずくと，時間不足になりかねません。

　一方で，必要とされる歴史用語・事象の知識・理解は，探究科目ほど多くはありません。むしろ，近代以降の世界と日本との結びつきについて，**時代ごとの特色や変化をつかめているか，様々な立場から多面的に評価できるか**が問われています。

　また，試作問題・サンプル問題ともに，大問の最後には，大問全体をふまえる形で，今後探究すべき課題と，そのために必要な資料を考察させる設問がみられました。現代社会の成り立ちに関心をもち，そこに至る歴史を能動的に解き明かしていこうとする，歴史家のような視点が求められているといえそうです。

◆◆ 解き方のコツ

　「歴史総合」だからといって，特別な解き方は不要です。様々な資料を用いる，資料どうしの比較や評価を求めるなどの出題傾向は，従来の共通テストや試作問題の「日本史探究」の大問と共通しており，**「問題タイプ別の攻略法」**が使えます。世界史の基礎知識も求められており，近現代の大きな流れを理解しておくべきですが，資料にある情報を活用したり，日本史で学ぶ事項との関連から想起したりすれば，正解にたどり着ける問題もあります。

⨠⨠⨠例題4：試作問題 第1問 問2・改

> 問2　18世紀以来，北太平洋には，欧米の船が海域の調査や物産の獲得，外交・通商
> の交渉などを目的として進出していた。このことに関連して，上原さんの班は，
> ロシアがアロー戦争（第2次アヘン戦争）の際に清から沿海州を獲得して，そ
> こにウラジヴォストークを築いて拠点としたことを知り，ロシアの太平洋方面
> への進出に関する資料を集めた。ロシアによる**沿海州の獲得**時期と**資料1・2**に
> 書かれている内容とについて，古いものから年代順に正しく配列したものを，
> 後の①〜⑥のうちから一つ選べ。
>
> 資料1
>
> > 一　今後，樺太全島はことごとくロシア帝国に属し，宗谷海峡を両国の境界とす
> > る。
> > 二　ロシア国皇帝陛下は，引き換えに千島列島の全ての権利を日本国皇帝陛下
> > に譲り，今後は千島全島は日本に属する。
>
> 資料2
>
> > ロシアから使節が派遣されてきたのは，女帝エカチェリーナ2世の使節ラクス
> > マンが遣わされ，幕府に漂流民を送り届けるために来航してきたことなどが始
> > まりであった。
>
> ①　資料1 ― 資料2 ― 沿海州の獲得
> ②　資料1 ― 沿海州の獲得 ― 資料2
> ③　資料2 ― 資料1 ― 沿海州の獲得
> ④　資料2 ― 沿海州の獲得 ― 資料1
> ⑤　沿海州の獲得 ― 資料1 ― 資料2
> ⑥　沿海州の獲得 ― 資料2 ― 資料1

　ロシアの東方進出の動きを時系列で押さえられているかを問う問題です。日露交渉に関わる資料1・2は，資料中の人名や地名などのキーワードから，資料の前後関係や，何に関する資料なのかがわかります。ロシアによる沿海州の獲得は，その発端となったアロー戦争が日本に及ぼした影響を想起すれば，時期が特定できます。

◆ 対　策

「歴史総合」の対策としては，以下が挙げられます。
▶　「憲法」「自由」「帝国主義」「ナショナリズム」などをキーワードに，地域や国を
越えて教科書の該当箇所をつなげて読んだり，ノートにまとめたりしてみる。
▶　「日本と世界」「白人とインディアン」など，異なる立場から歴史を考察する。

■■「歴史総合，日本史探究」に向けた勉強法

◆◆ 第一のカギは「読む力」

　まずは，問題や資料の内容を確実に読み取ることが大事です。日頃から教科書や本・新聞などをよく読み，文意を理解する習慣を身につけましょう。

◆◆ 第二のカギは「脱一問一答」

　知識は教科書レベルで十分です。ただし，共通テスト以降，単純暗記のみで対応できる問題は少なくなる傾向にあり，出来事の背景や原因，結果や影響，歴史的意義などを含めた体系的な理解が求められています。時代区分を意識し，歴史の流れをつかむことも大切です。歴史は「過去の終わったこと」ではありません。過去の様々な出来事の上に，今の私たちが暮らす社会が成り立っていることを知り，時事問題からさかのぼって歴史を探究する態度が，問題に取り組む際にも生きてきます。

◆◆ 資料に親しむ

　日頃から教科書や史料集・図説などを活用して様々な資料に親しみ，各時代にどのような資料があるのかを把握しておくとともに，そこからどのような歴史的情報が読み解けるかを意識した学習を心がけましょう。図版のキャプションや，文字資料の注釈・解説も情報の宝庫であり，「気づき」が得られます。こうした学習の積み重ねによって，初見の資料にもとまどうことなく対応できるようになるでしょう。

◆◆ 問題演習では失敗に学べ

　本書で問題にあたる時も，「読み」「筋道を立てて考え」「判断する」ことを意識しながら問題を解きましょう。答え合わせでは，正解・不正解のチェックで終わることなく，解説を活用することが肝要です。間違えた原因は何か，すなわち題意や資料の読み取りの甘さなのか，知識の不足や判断の誤りなのかを確かめることが重要です。正解した問題でも，解説をスルーするのは禁物です。

◆◆ 共通テストやセンター試験の過去問で基礎固め＋実戦力養成

　新科目である「歴史総合，日本史探究」には，試作問題を除けば，まだ過去問がありません。そこで，共通テストやセンター試験の過去問や，プレテストを利用するこ

とをおすすめします。『共通テスト過去問研究 日本史B』（教学社）なども利用して過去問に数多くあたり，苦手な時代・分野をつぶし，知識の穴を埋めていきましょう。「歴史総合」に関しては，「日本史A」の過去問も参考になります。さらに，**資料を用いた問題をピックアップして，重点的に解いてみるのも効果的**です。

◆ テーマ史問題対策

これまでの共通テストでは第1問が，試作問題では第2問が時代を縦断したテーマ史問題でした。また，他の大問でも，特定のテーマに関して時代ごとの特徴や変遷を問う出題が考えられます。テーマ史を扱った問題集に取り組むのも，知識の整理や流れの把握に役立つでしょう。

◆ 国公立大学の二次試験でスキルアップ

さらに高得点を目指す人は，国公立大学の二次試験にあたってみるとよいでしょう。二次試験には，資料を読み解いて歴史を考察させる問題が数多くみられます。解答方式は異なりますが，赤本の解答例や解説を参照しながら，確かな学力を身につけましょう。

山野井先生から，受験生の皆さんへ
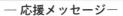
― 応援メッセージ ―

「歴史総合，日本史探究」になっても，求められる知識が大きく変わるわけでも増えるわけでもありません。ただ，今まで以上に学ぶ姿勢（「問題意識をもって歴史と向き合い」「読み」「筋道を立てて考え」「判断する」こと）が問われることになるでしょう。これらは，現代社会を主体的に生きていく上でも不可欠な力です。

歴史に関する名言を紹介します。

「現在というものは，過去のすべての生きた集大成である」

（イギリスの歴史学者トマス=カーライル）

時代別の
演　　習

第1章　テーマ史

まとめ

特定のテーマから日本史全体を見通す

　従来の共通テストでは，第1問がいくつかの時代をまたぎ，特定のテーマに沿って歴史を概観する問題であった。また，2022年度の試作問題では，第2問がテーマ史の問題となっていた。そこで，これまでに共通テストの第1問で出題されてきたテーマを挙げておくので参考にしてほしい（2020年度以前はセンター試験のデータ）。

◆ 時代をまたぐテーマ史

	本試験	追試験
2023	地図から考える日本の歴史	—
2022	人名から見た日本の歴史	日本社会における戦士の歴史
2021	第1日程：貨幣の歴史 第2日程：女性史	—
2020	教育と歴史認識に関わる諸問題	古代〜近代の天皇
2019	地名から見る日本の歴史	ユネスコの「世界の記憶」
2018	地域振興に必要な歴史的視座	古代〜近代の文化・民衆
2017	手紙文から読み解く日本の歴史	近代初期の史料解読
2016	史料としての日記	奈良に関する歴史的考察

その他の注目テーマ：土地・税制度の変遷／自然災害と社会／民衆の抵抗と社会運動／交通・運輸の発達／地方都市の発達／教育制度の変遷／学問・思想の展開／印刷・出版の歴史／衣服の歴史／北海道と沖縄の歴史／公文書の管理の歴史など

テーマ史の対策

　テーマ史といっても，個々の設問では各時代の基本的な知識が問われていることが多く，特別な対策が必要なわけではない。以下のようなことを心がけて日常の学習を積み上げていくことが有効である。

▶　**時代の区分**をしっかり認識する。
▶　**各時代の基本事項**をきちんと学習する。
▶　政治・外交分野以外の**社会・経済・文化分野**などを軽視しない。
▶　異なる時代の**共通点・相違点**の確認作業を行う。
▶　**史料・グラフ・一覧表・年表・地図・写真・図版**が用いられることは必至と考えて，積極的に史料集や図説・資料集などを活用する。

第1章　テーマ史 演習問題

››› A

　授業で歴史資料の重要性について学習することになった。その際，出土資料や文献史料からどのような情報が得られ，歴史の流れにどう位置付けられるのかに着目した。

　そこで，A〜Fの6班に分かれ，日本の前近代，原始・古代から近世までの「交易・交渉」や「流通・商工業」に関するテーマをそれぞれの班で設定し，資料を調べて，考察したことや調べてわかったことなどを発表することにした。各班の発表資料や会話文を読み，下の問いに答えよ。

> **A班**　「原始時代の交易」をテーマに設定し，資料を調べて，わかったことをメモに整理した。次に，メモから【考察したこと】をまとめた。

資料

> **メモ**
> ● 青森県の三内丸山遺跡から出土した。
> ● この時代に開発された道具に使用された。
> ● 原材料は黒曜石である。
> ● 原材料の原産地は，現在の長野県霧ヶ峰である。

> **【考察したこと】**
> 　資料は，| ア |ため，矢の先端に用いられた「| イ |」と呼ばれる道具で，原材料の原産地との関係から，三内丸山遺跡の人々は，ウ日本海を通じて遠方との交易を行っていたことが考えられる。

□
1　【考察したこと】の空欄| ア || イ |に入る文・語句と，ゥ日本海を通じて遠□
　方との交易を行っていたという仮説を補強する事象の組合せとして正しいもの
　を，下の①〜⑥のうちから一つ選べ。

| ア |

X　列島内の各地で余剰生産物をめぐる集落間の戦いが激しくなった

Y　温暖化により生態系が変化して，シカなどが狩猟の対象となった

イ

a　石鏃　　　　　　　　　b　尖頭器

_ウ日本海を通じて遠方との交易を行っていたという仮説を補強する事象

甲　各地の遺跡から，多数の丸木舟が発見された。

乙　沿岸部では，貝殻が堆積した貝塚が発見された。

① ア－X　　イ－a　　ウ－甲　　② ア－X　　イ－a　　ウ－乙
③ ア－X　　イ－b　　ウ－乙　　④ ア－Y　　イ－a　　ウ－甲
⑤ ア－Y　　イ－b　　ウ－甲　　⑥ ア－Y　　イ－b　　ウ－乙

〔本書オリジナル〕

B班　「古代の交渉」をテーマに設定し，資料を調べて，話し合い，その結果をまとめた。

資料

（表面）

太　郎：これは石上神宮に伝わる七支刀だ。

陽　子：石上神宮はどこにあるの。

進　一：奈良県の天理市にある。

陽　子：刀には銘文が刻まれているね。

俊　雄：表面に「泰□四年」，裏面に「百済王」「倭王」という文字が記されている。

太　郎：「泰□四年」は，中国東晋王朝の「太和四年」で，西暦369年が有力だ。

陽　子：ということは，この刀に記されている倭と百済の関係から，中国の歴史書に記載がない「謎の4世紀」が推定できるってことね。

進　一：『日本書紀』には，この時期に「倭に朝貢した百済王が，神功皇后^(注)に七枝刀を献上した」という記述があるらしいよ。

恵　理：では，まとめてみましょう。

（注）　神功皇后：『古事記』『日本書紀』にみえる皇后。新羅・百済・高句麗を帰服させたとされる。

2 【話し合ったことのまとめ】の空欄 エ オ カ に入る文・語句の組合せとして正しいものを，下の①〜⑥のうちから一つ選べ。

【話し合ったことのまとめ】

　資料の伝来と銘文から，倭国では，4世紀に エ 政治連合が， オ に成立していたことが読み取れる。また，銘文の「百済王」，「倭王」に関連した『日本書紀』にある「百済王が倭に朝貢し，神功皇后に刀を献上した」という記事は，8世紀に律令国家により編纂された歴史書に記されたものなので， カ と考えられる。

エ

X　百済の復興を支援しようとした

Y　百済と密接な外交関係をもった

オ

a　九州北部

b　畿内中部

カ

甲　事実である

乙　必ずしも事実でない

① エ−X　　オ−a　　カ−甲　　② エ−X　　オ−a　　カ−乙
③ エ−X　　オ−b　　カ−甲　　④ エ−Y　　オ−a　　カ−乙
⑤ エ−Y　　オ−b　　カ−甲　　⑥ エ−Y　　オ−b　　カ−乙

〔本書オリジナル〕

| C班 | 「古代の貢納」をテーマに設定し，**資料**を調べてわかったことを**メモ**にまとめるグループと，それに対する**疑問**をまとめるグループに分かれ，考察を進めた。 |

資料

写真提供：奈良
文化財研究所

メモ
1　長さ144mm，幅28mm，厚さ6mmである。
2　表面に，「備前国」で始まる11文字の記述がある。
　　「水母」はクラゲ，「贄<small>にえ</small>」は天皇への貢納物であるようだ。
　　「貳斗」は2斗で，現在の8升にあたる。
3　京域内の北端にある宮城跡から出土した。

メモに対する疑問
・1とその形状，2から，これはどのような用途に使用されたのだろうか。
・2から，この時代の中央と地方のどのような関係が読み取れるのか。
・3の京域内の北端に宮城があるという構造から，古代宮都のうち，どの宮都だと推定されるのか。

【考察したこと】
　資料は1とその形状，2から荷物に付けられた木簡で，木簡は古代宮都から大量に発見されていることがわかった。この木簡には，備前国から贄として，食料品のクラゲが届けられたことが記されている。2の内容と3で調べた出土場所から，この時代，　キ　では，　ク　ことがわかる。

3 【考察したこと】の空欄　キ　・　ク　に入る語句・文の組合せとして正しい
ものを，下の①～④のうちから一つ選べ。

　キ

X　平城京　　　　　　　　　Y　藤原京

　ク

a　中央政府から地方官衙（かんが）に対し，様々な指示が下されていた
b　各地方から貢納物として特産品が届けられていた

① キ－X　　ク－a　　　　　　② キ－X　　ク－b
③ キ－Y　　ク－a　　　　　　④ キ－Y　　ク－b

〔本書オリジナル〕

D班　「中世の商工業」について探究するため，「室町時代の座」をテーマに設定
し，資料を題材に考察した。（資料は，一部省略したり，書き改めたりし
たところもある。）

資料

石清水八幡宮大山崎神人（じにん）等，公事并（ならび）に土倉役の事，免除せらるる所なり。将又，
摂州道祖小路（さいこうじ）・天王寺・木村（このむら）・住吉・遠里小野（おりおの）（注1）并に江州小秋（おあき）（注2）散在の土民等，
恣（ほしいまま）に荏胡麻（えごま）を売買せしむと云々（うんぬん）。向後（きょうこう）（注3）は彼の油器を破却すべきの由，仰せ
下さるる所なり。仍て下知件（よって）（くだん）の如し（注4）。
　　　応永4（1397）年5月26日　　　　　　　　　　沙弥（しゃみ）（注5）　（花押）（注6）
　　　　　　　　　　　　　　　　　　　　　　　　（『大山崎離宮八幡宮文書』）

（注1）　摂州道祖小路・天王寺・木村・住吉・遠里小野：現在の大阪府北部。
（注2）　江州小秋：現在の滋賀県東近江市。　　（注3）　向後：今後。
（注4）　仍て下知件の如し：幕府の命令は以上の通りである。
（注5）　沙弥：在俗の僧。ここでは管領，斯波義将のこと。
（注6）　花押：図案化された個人のサイン。

【考察したこと】
　資料は，室町時代に石清水八幡宮を本所とし，大山崎離宮八幡宮に所属した油
座に関する古文書である。大山崎神人と幕府の関係や摂津国や近江国の民衆の様
子が記されており，　ケ　ことがわかる。

　この後，D班は【考察したこと】を発表する際，**資料**に記された「大山崎神人等」が商業活動をする姿を描いた『七十一番職人歌合』の図を活用することにした。

4　【考察したこと】の空欄　ケ　に入る文と，発表する際に使用する図の組合せとして正しいものを，下の①～⑥のうちから一つ選べ。

　ケ

X　幕府は，摂津の道祖小路，木村や遠里小野，近江の小秋など，新興の油商人による菜種油の販売活動を援助した

Y　大山崎の神人は幕府から負担免除の保護を受け，油の原料の荏胡麻の仕入れや製品販売の権限を独占した

図
a　　　　　　　　　　　b　　　　　　　　　　　c

① X－a　　　② X－b　　　③ X－c
④ Y－a　　　⑤ Y－b　　　⑥ Y－c

〔本書オリジナル〕

E班	「近世初期の交渉」について探究するため，「鎖国体制前の外交」をテーマに設定し，**資料**を調べて，わかったことを整理した。

資料

5 【調べてわかったこと】甲～丙について，その正誤の組合せとして正しいものを，下の①～⑥のうちから一つ選べ。

【調べてわかったこと】

甲　慶長19年(注)に，江戸幕府が発行した海外渡航許可書の老中奉書である。

乙　徳川家光の朱印が押され，日本から安南国への貿易船に交付された。

丙　貿易船が盛んに往来し，南方各地に日本人移住者によって日本町がつくられた。

　　(注)　慶長19年：西暦1614年。

① 甲　正　　乙　正　　丙　正　　② 甲　正　　乙　正　　丙　誤
③ 甲　正　　乙　誤　　丙　誤　　④ 甲　誤　　乙　正　　丙　正
⑤ 甲　誤　　乙　誤　　丙　正　　⑥ 甲　誤　　乙　誤　　丙　誤

〔本書オリジナル〕

F班　「近世の流通」について探究するため，「江戸時代の特産品」をテーマに設定し，資料を題材に考察した。

資料

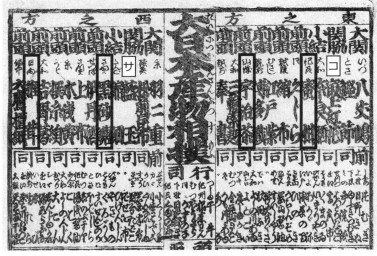

6 (1) 資料，【考察したこと1】に共通する空欄　コ　　サ　に入る産地を示した**地図上の位置 a～d の組合せ**として正しいものを，下の①～④のうちから一つ選べ。

【考察したこと1】

　資料は，19世紀半ばに出版された「大日本産物相撲（すもう）」である。江戸時代中期以降に庶民の人気を博した全国各地の特産物を番付にしたもので，東の大関に「いづ　八丈嶋(注)」，関脇に「　コ　最上（もがみ）紅花」，西の大関に「京　羽二重（はぶたえ）」，関脇に「　サ　藍玉」など，様々な繊維製品や染料が記されている。

（注）　八丈嶋：八丈島で生産された草木染めの絹織物である，黄八丈のこと。

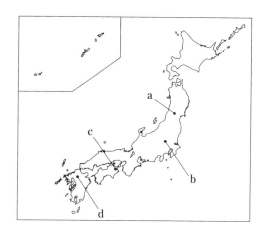

① コ—a　　　サ—c
② コ—a　　　サ—d
③ コ—b　　　サ—c
④ コ—b　　　サ—d

〔2016年度本試験　日本史B・改〕

(2) 【考察したこと2】の文中の産地と特産品の組合せとして**誤っているもの**を，資料中の　　　　で示した部分を参考にして，下線部①～④のうちから**二つ**選べ。

【考察したこと2】

　他にも，東之方（ひがしのかた）の「①紀伊　吉野葛」，「②山城　宇治茶」，西之方（にしのかた）には「③たんご　黒砂糖」，「④日向　椎茸」など，各地の特産品が番付の上位を占めている。

〔本書オリジナル〕

　各グループの発表で，原始・古代から近世までの前近代を通じて，「交易・交渉」や「流通・商工業」がその時代の人々にとって非常に重要だったことがわかった。

　次の授業では，「交易・交渉」「流通・商工業」の手段としての貨幣経済が，どのように発展していったかを考察するため，「国内で生産され通用した同一規格の貨幣」について学ぶことになった。

 「国内で生産され通用した同一規格の貨幣」と，その時代の様子の組合せとして正しいものを，下の①〜④のうちから一つ選べ。

国内で生産され通用した同一規格の貨幣

X 　　　　　　　　Y

時代の様子

a　荘園では年貢の納入など，現物に代わって銭で納める代銭納が広がった。

b　多様な銭貨の流通が停止され，銭座で鋳造された銭貨が使用された。

① X―a　　　② X―b　　　③ Y―a　　　④ Y―b

〔本書オリジナル〕

>>> **B**

　SさんとTさんのクラスは，「歴史の論述」の授業に際し，主題を設定し探究した。次の年表甲・乙は，SさんとTさんそれぞれが設定した主題に沿って作成したものである。下の問いに答えよ。

【年表甲】

時代＼主題	Sさんの主題 （　Ⅰ　）
原始	水稲耕作が始まる。
古代	A 北陸に東大寺領荘園が置かれる。
中世	C 武田信玄が治水事業を行う。
近世	E 印旛沼の干拓事業が失敗する。
近代 現代	足尾銅山の近代化 都市郊外に計画的な大規模住宅地が造成される。 G

【年表乙】

時代＼主題	Tさんの主題 （　Ⅱ　）
原始	九州南部で噴火により集落が壊滅する。
古代	B 東北の太平洋側を津波が襲う。
中世	地震により鎌倉大仏が被害を受ける。 D
近世	阿波国を津波が襲う。 F 浅間山が噴火し，火砕流の被害が出る。
近代 現代	足尾銅山の近代化 関東大震災が発生し，死傷者が多数出る。 H

8 (1)　年表を参考にして，SさんとTさんの主題（Ⅰ）・（Ⅱ）の組合せとして最も適当なものを，次の①～④のうちから一つ選べ。

① Ⅰ－開発と人々との関係史　　Ⅱ－災害と人々との関係史
② Ⅰ－災害と人々との関係史　　Ⅱ－開発と人々との関係史
③ Ⅰ－文化と人々との関係史　　Ⅱ－産業と人々との関係史
④ Ⅰ－産業と人々との関係史　　Ⅱ－文化と人々との関係史

(2)　次の文ア〜ウは，SさんとTさんが年表の空欄　A　〜　H　に入る出来事について調べた文である。文ア〜ウと空欄　A　〜　H　の組合せとして最も適当なものを，下の①〜⑥のうちから一つ選べ。

ア　築城技術などを応用することで，大規模な治水が可能となり，大河川流域を安定的に耕作したり，台地上を耕地化できるようになった。

イ　兵庫県を中心に都市を襲う地震が発生した。復興に当たってボランティア活動が盛んに行われ，その重要性が人々に認識されることになった。

ウ　民衆に布教していた僧侶が国家からの弾圧を受けながらも，渡来系技術者集団とともに，灌漑用水池を整備するなど社会事業を行った。

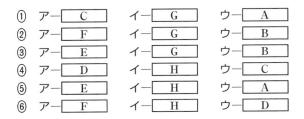

① ア―C　　イ―G　　ウ―A
② ア―F　　イ―G　　ウ―B
③ ア―E　　イ―G　　ウ―B
④ ア―D　　イ―H　　ウ―C
⑤ ア―E　　イ―H　　ウ―A
⑥ ア―F　　イ―H　　ウ―D

(3)　SさんとTさんは，足尾銅山の近代化について協働して学習したのをきっかけに，二人の主題に対する政府の対応を調べてみると，各時代により違うことに気付いた。時代ごとの特徴を説明した次の文a〜eについて，古いものから年代順に正しく配列したものを，下の①〜⑥のうちから一つ選べ。

a　中央政府の機能が弱く，在地の力で自ら救済することが原則であった。
b　法律が整備され，大規模工事の際には影響を事前評価する仕組みができた。
c　河川の修復のため，地方の諸侯にお手伝普請が課せられた。
d　中央政府の指示により陸・海軍が派遣され，救援に当たった。
e　中央政府の命令で，郡家（群衙）の倉から米が施される仕組みがあった。

① a―e―c―b―d　　　　② a―c―e―d―b
③ e―c―d―a―b　　　　④ d―b―a―e―c
⑤ b―e―a―d―c　　　　⑥ e―a―c―d―b

〔第2回プレテスト　日本史B〕

第1章　テーマ史

››› A

1　正解は④

資料・メモをもとに，縄文時代の文化・社会の特色について，仮説を通して考察させる問題である。

資料は，青森県の**三内丸山遺跡**で出土した石鏃である。三内丸山遺跡は，縄文時代前期から中期末まで約1500年間続いた国内最大級の縄文遺跡である。

ア．X．誤文。列島内の各地で集落間の戦いが激しくなり，**環濠集落**や**高地性集落**が出現するのは弥生時代である。

　　Y．正文。約1万年前，地球の温暖化による自然環境の変化にともない，狩猟の対象はナウマンゾウやオオツノジカなどの大型獣から，動きの速いニホンジカやイノシシなどの中型獣にかわり，狩猟具に**弓矢**が登場した。

イ．縄文時代，中型獣を狩るため矢の先端に使用された石器が a の石鏃である。b の**尖頭器**は，旧石器時代に大型獣を捕らえるため石槍の先端につけて用いた石器。

ウ．甲．正文。石鏃の原材料である**黒曜石**は特定の地域から産出したため，その分布状況から当時の交易の様子がよくわかる。資料の石鏃に使われた黒曜石は，現在の長野県で採取され，青森県まで運ばれたと考えられる。福井県の鳥浜貝塚や鳥取県の桂見遺跡など日本海沿岸の遺跡から発見される多数の**丸木舟**は，縄文人による広域的な海上交易に使用されたと推測され，三内丸山遺跡で使用された一部の石鏃に用いられた黒曜石は，日本海ルートを通じて交易された可能性が高い。

　　乙．誤文。貝塚は，食料であった貝殻などを投棄した縄文人の生活遺構で，縄文時代の広範な海上交易についての仮説を補強することにはならない。

よって，アーY，イー a，ウー甲が正しい組合せとなり，④が正解。

2　正解は⑥

資料から，4世紀の倭国の国家形成と朝鮮半島との関係を考察させる問題である。

資料は，奈良県天理市の石上神宮所蔵の**七支刀**である。全長74.9cm の鉄剣で，表と裏に60余字の金象嵌の銘文がある。「泰和四年」で始まる銘文には「百済王」が「倭王」にもたらした刀であることが記されている。

エ．X．誤文。唐と新羅によって百済が滅亡したのは660年。倭国は百済復興を支援したが，663年の**白村江の戦い**で唐・新羅連合軍に敗北し，朝鮮半島から撤退

した。7世紀のことなので誤り。

Y．正文。4世紀後半の百済は，高句麗との抗争を有利に展開するため東晋に朝貢した。倭国との交渉もこの時期に開始された。

オ．石上神宮は「奈良県の天理市」つまり大和盆地の中央に位置し，b．畿内中部に成立した**ヤマト政権**の有力な軍事氏族であった物部氏が祭祀した神社である。

カ．『日本書紀』神功皇后52年条に，百済が倭国に刀を献上したという記事があるが，七支刀の銘文には「献上」を意味する文言はない。『日本書紀』は，8世紀に律令政府が統治の正統性を示すために編纂した歴史書で，二次史料であり，編纂時の修飾がみられることなどから厳密な史料批判が必要である。正解は乙。

よって，エーY，オーb，カー乙が正しい組合せとなり，⑥が正解。

3　正解は②

▌資料・メモから，律令体制における中央と地方の関係を考察させる問題である。

資料は，平城宮で出土した**木簡**で，裏面に天平18（746）年9月25日の日付をもつ。木簡は，調などの貢納物に荷札としてつけられたほか，官衙では紙の代わりとして文書や記録に盛んに用いられた。

キ．X．正解。**平城宮**は律令政府の中枢で，天皇の居住空間である内裏，儀式が行われる朝堂院，官人が執務する官衙からなり，平城京の北端中央に位置する。

Y．誤り。藤原京は日本初の本格的都城で，京域の中央部に**藤原宮**が位置していた。

ク．a．誤文。b．正文。木簡がつけられた荷物はクラゲで，「備前国から（天皇への）贄として」届けられたものであることから，木簡は備前国で作成され，都に運ばれてから平城宮で廃棄されたことが推測できる。中央政府が作成して地方に指示をした下達（かたつ）文書ではない。贄は服属儀礼に由来し，諸国から様々な特産品，食料品が貢納され，天皇の食膳に供された。

よって，キーX，クーbが正しい組合せとなり，②が正解。

4　正解は⑥

▌資料を読み取り，中世の座の様相を理解するとともに，神人が商業活動をする姿を表す図を選ぶ問題である。

資料は，応永4（1397）年5月26日付の『大山崎離宮八幡宮文書』である。石清水八幡宮の課役を奉仕していた大山崎神人が，幕府の保護を受け，独占的な油座の特権を得た歴史を伝えている。

ケ．X．誤文。荏胡麻を売買して搾油を行っていた摂津国の道祖小路，天王寺，木村，住吉や遠里小野，近江国小秋に対して，幕府は「向後は彼の油器を破却すべ

き」とし，その営業活動を禁止した。

Y．正文。資料は室町幕府により大山崎神人等の公事と土倉役が免除され，油座の
要求により摂津・近江の新興の油商人の活動が禁止されたことを記している。

図の『七十一番職人歌合』は，1500（明応9）年頃の成立とされる，職人を題材と
した歌合で，職人の姿絵が描かれている。

a．誤り。「はんさう（番匠）」は，中世の建築職人である。

b．誤り。「をはらめ（大原女）」（『七十一番職人歌合』では「小原女」とされてい
る）は，京市中で炭や薪を売る行商の女性。

c．正解。図の右上には「あふらうり（油売）」と書かれており，木製の油桶を使
って油を売る大山崎神人の姿が描かれている。

よって，**Y－c**が正しい組合せとなり，**⑥**が正解。

5　正解は⑤

資料を読み取り，積極的な貿易振興から鎖国体制へと転換する以前の，江戸時代
初期の外交政策を考察する問題である。

資料は，慶長19（1614）年正月11日の日付をもつ朱印状である。17世紀初頭以降，
江戸幕府は，東南アジア方面に渡航する貿易船に朱印状を交付し，朱印船貿易が隆
盛となった。

甲．誤文。「老中奉書」が誤り。左上に朱印が押された朱印状である。なお，朱印
船は1631年から朱印状のほかに**老中奉書**の所持が義務づけられ，1633年には奉
書船以外の日本人の海外渡航が全面的に禁止された。

乙．誤文。「徳川家光」と「安南国」が誤り。資料に「慶長十九（1614）年」とあ
り，朱印は大御所徳川家康のもので，渡航先は交趾国である。徳川家光は1623
年に3代将軍に就任し，いわゆる鎖国政策を推進し強化した。交趾国・安南国は，
ともに現在のベトナム。

丙．正文。幕府の積極的な対外交渉により朱印船貿易が盛んになると，海外に移住
する日本人が増加し，アユタヤなど南方各地に**日本町**が形成された。

よって，甲一誤，乙一誤，丙一正となり，**⑤**が正解。

6　(1)　正解は①

資料をもとに，江戸時代の繊維製品・染料の産地を確認する問題である。

資料は，江戸時代の全国の特産品を取り上げた「大日本産物相撲」で，各地の名高
い商品作物などを国別に列記している。相撲番付を模した一枚摺の一種である。

コ．「紅花」の主な産地は出羽である。最上紅花は江戸時代中期に現在の山形県最

上川流域（＝a）で栽培が盛んになった商品作物である。京都西陣の絹織物の染料などに使用された。

サ．「藍玉」の主な産地は阿波（＝c）である。藍玉は，徳島藩の積極的な政策により，江戸時代中期頃に生産量が増加した。阿波藍は，品質の高い染料として藍玉に加工されて全国に出荷された。

b は，18世紀に京都西陣の技術を導入し高級絹織物を生産した桐生（または，同じく高級絹織物の産地足利）。d は，江戸時代に綿の絣織物を生産した久留米。

よって，コ−a，サ−c となり，①が正解。

（2）　**正解は①・③**

▌資料を読み取り，各地方の特産品を判断する力を問う問題である。

①誤り。資料の「東之方」右から5番目に「紀州　蜜柑」とある。紀伊の特産品は吉野葛ではなく，蜜柑。吉野葛は資料「西之方」左から3番目に「大和　吉野葛」とあり，大和国（現在の奈良県）吉野地方で採れる上等の葛粉である。

②正しい。資料「東之方」左から3番目に「山城　宇治茶」とある。

③誤り。資料「西之方」右から5番目に「さつま　黒砂糖」とある。黒砂糖を特産とするのはたんご（丹後）ではなく，さつま（薩摩）。丹後の特産品は資料「西之方」右から4番目に「たんご　縮緬」とある。縮緬は絹織物の一種。

④正しい。資料「西之方」左から2番目に「日向　椎茸」とある。

7　　**正解は②**

▌貨幣経済の発展について，中世と近世との比較を通して時代の転換を理解する力を問う問題である。

国内で生産され通用した同一規格の貨幣

X．正解。寛永通宝は，1636（寛永13）年以降，江戸幕府が各地の銭座で鋳造した銭貨。同じ規格で大量に鋳造されて全国に流通した。「国内で生産され通用した同一規格の貨幣」として適当。

Y．誤り。永楽通宝は明王朝により15世紀前半に鋳造された銅銭。室町時代に大量に渡来して標準貨幣として広く流通し，粗悪な私鋳銭も模造された。中国からの渡来銭であり，「国内で生産され通用した同一規格の貨幣」ではない。

時代の様子

a．誤文。荘園や国衙領からの年貢や公事の納入が，米などの現物納から銅銭による代銭納にかわったのは鎌倉時代中期，全国的に普及したのは南北朝時代で，寛永通宝が流通した江戸時代のことではない。

b．正文。寛永通宝の大量鋳造によって，庶民の日常生活における小口取引に銭貨

が使われるなど，統一貨幣が全国で広範に流通するようになった。これにより，江戸時代初期まで流通していた永楽通宝などの渡来銭や私鋳銭の廃棄が実現した。よって，**X－b**が正しい組合せとなり，**②**が正解。

››› B

8　(1)　**正解は①**

■ 年表の記述を読み取り，その主題を考察する力を問う問題である。

Ⅰ．年表甲中の 足尾銅山の近代化 以外の記述は，いずれも土地の利用・開発に関する内容である。

Ⅱ．年表乙中の 足尾銅山の近代化 以外の記述は，いずれも自然災害とその被害に関する内容である。

よって，Ⅰ－開発と人々との関係史，Ⅱ－災害と人々との関係史が正しい組合せとなり，**①**が正解。

(2)　**正解は⑤**

■ 開発や災害の歴史に関して，知識をもとに出来事の時期を考察させる問題である。

ア．「築城技術」「大規模な治水」「耕地化」から，戦国～江戸時代前半の出来事と判断する。この時期は，**戦国大名・江戸幕府・近世大名**が領地の経済強化を図って，大規模な治水事業および新田開発を推進した。年表甲中の空欄**E**に当てはまる。

イ．「兵庫県を中心に都市を襲う地震」とボランティア活動の「重要性が人々に認識されることになった」から，1995年1月に発生した**阪神・淡路大震災**を想起する。これ以後，地震や大雨などの自然災害時には多くの人々がボランティアによる復旧作業に参加するようになった。年表乙中の空欄**H**に当てはまる。

ウ．「渡来系」から古代を，「民衆に布教」「国家からの弾圧」「社会事業」から，奈良時代に活躍した**行基**を想起する。行基が行った社会事業は，灌漑用水池の整備のほか，墾田開発・架橋・布施屋（運脚などのための宿泊施設）の設置などである。行基の活動は僧尼令違反として国家の弾圧を受けたが，のちに政府の要請に応じて大仏造立に協力し，行基は大僧正に任命された。年表甲中の空欄**A**に当てはまる。

よって，ア－E，イ－H，ウ－Aが正しい組合せとなり，**⑤**が正解。

(3)　**正解は⑥**

┃古代～近現代の開発・災害への政府の対応について，時代ごとの特徴をふまえて
┃年代配列させる問題である。

a．「中央政府の機能が弱」いというのは，中世の特徴である。鎌倉時代は，朝廷
　と幕府による二元支配の状況にあった。室町時代は，朝廷の支配力はかなり弱ま
　っていたものの，幕府も京都と鎌倉府が領域を分掌して統治していた。また，
　「在地の力で自ら救済」から，室町時代に団結して紛争解決を図るため**国人一揆**
　や**惣村**が形成されたことを思い出したい。

b．「法律が整備」「影響を事前評価」から，現代のことである。現在は，土木・建
　築に関する様々な法律によって大規模工事の影響（安全性・環境への配慮など）
　に関する**事前評価**のしくみが整備されてきている。

c．**「お手伝普請」**から江戸時代のことである。江戸幕府は「諸侯」すなわち大名
　に「お手伝い」と称して築城・河川工事などの負担を課した。

d．**「陸・海軍」**は明治時代初期に創設され，アジア・太平洋戦争敗戦後に解体さ
　れたので，近代のことである。

e．**「郡家（郡衙）」**は律令体制における地方行政機関なので，奈良～平安時代前期
　のことである。

よって，e－a－c－d－bの順となり，⑥が正解。

第2章 原始・古代　　　まとめ

■ 原始・古代の要点整理

❶ 外交の移り変わりを整理しておこう

	出来事	史料
前1C	倭人の社会 …百余国に分立，**楽浪郡**に遣使	『漢書』地理志
後1C	**奴国** …後漢の**光武帝**に朝貢（金印授受）	『後漢書』東夷伝
2C	倭国王帥升等 …後漢の安帝に朝貢（生口を献上）	〃
3C	**邪馬台国** …大夫難升米らを魏に派遣 **卑弥呼**に「親魏倭王」の称号	「魏志」倭人伝
4C	**ヤマト政権** …伽耶諸国・百済と密接な関係を結ぶ 高句麗と交戦	百済王からの七支刀 高句麗好太王碑
5C	**倭の五王** …中国南朝の宋に朝貢 **倭王武**に「安東大将軍倭王」の称号	『宋書』倭国伝
6C	**磐井の乱**（527） …新羅と結び，ヤマト政権に抵抗 ⇨物部氏により鎮圧 **百済に続き新羅が伽耶諸国を併合**	
7C	遣隋使・遣唐使の派遣	『隋書』倭国伝，『日本書紀』
	白村江の戦い（663） …百済復興を図るが，唐・新羅に敗北 **新羅による朝鮮半島統一（676）**	
8C	唐・新羅・渤海との外交と交易〔鴻臚館・松原客院・能登客院などの施設で応対〕	
9C	遣唐使派遣の中止（894）…**菅原道真**の建議	
10C	**唐・渤海・新羅の滅亡** 宋・高麗との民間貿易の活発化（博多商人の活躍）	
11C	**刀伊の入寇**（1019） …女真人による北部九州襲撃 ⇨藤原隆家らが撃退	

❷ 律令政治の特徴と変遷を理解しておこう

①中央集権の過程（7C）

推古天皇	冠位十二階，憲法十七条（豪族を官人に編成）
孝徳天皇	大化の改新（公地公民・班田収授法の方針），難波宮遷都
天智天皇	近江大津宮遷都，**庚午年籍**（初の全国的戸籍）
天武天皇	飛鳥浄御原宮遷都，八色の姓（豪族の秩序），富本銭鋳造
持統天皇	飛鳥浄御原令の施行，**庚寅年籍**（班田の開始），藤原京遷都（初の本格的都城）
文武天皇	**大宝律令**の完成（701）

②律令体制とは

- 天皇を頂点とする貴族・官人による中央集権政治（官人は官位相当制により編成）
- 律（刑法）・令（行政法）・格（律令の補足・改正）・式（律令格の施行細則）による法の支配
- 重要政策は太政官（太政大臣・左右大臣・大納言など）の公卿の合議を経て天皇が決する
- 国司（中央貴族，任期制）・郡司（地方豪族，終身制）による地方行政
- 班田収授法による土地制度（口分田班給）と税制（租・庸・調・雑徭・出挙など）
- 軍団兵士制（成人男子から徴兵）による防衛
- 官道（七道）の整備と，駅制による公用の情報伝達
- 貨幣の発行（富本銭，和同開珎以来の皇朝十二銭）と公設の市

3　奈良時代の政治を政争の流れとともに整理しよう

天皇	権力者	政治・事件ほか
元明	藤原不比等	平城京遷都（710） 養老律令制定（718）
元正		三世一身法（723）
	長屋王	長屋王の変（729） 　…光明子の立后問題で藤原氏と対立，自殺に追い込まれる
聖武	藤原四兄弟	光明子立后（729） 疫病により四兄弟死去（737）
	橘諸兄	藤原広嗣の乱（740）…玄昉・吉備真備の排斥要求 遷都〔恭仁京～難波宮～紫香楽宮～平城京〕 墾田永年私財法（743）
孝謙	藤原仲麻呂	養老律令施行（757） 橘奈良麻呂の変（757）…藤原仲麻呂打倒計画
淳仁		恵美押勝の乱（764）…孝謙上皇・道鏡と対立して挙兵
称徳	道鏡	宇佐八幡宮神託事件（769）…道鏡が皇位をねらうも失敗
光仁	藤原百川	律令体制の再建に着手

4　平安時代初期から摂関政治までの政治の流れを整理しよう

①平安時代初期

桓武天皇	長岡京遷都（784），藤原種継暗殺 ⇨平安京遷都（794） 健児の制，勘解由使の設置，坂上田村麻呂らの東北征討
嵯峨天皇	平城太上天皇の変（810 薬子の変とも） 蔵人頭・検非違使の設置，『弘仁格式』

②藤原北家の台頭

藤原良房	承和の変（842）　⇨伴健岑・橘逸勢ら配流
	清和天皇の外祖父として摂政に就任
藤原基経	応天門の変（866）　⇨伴善男ら配流
	光孝天皇擁立により初の関白に就任
	阿衡の紛議（887〜888）
	…関白の職掌をめぐる宇多天皇との対立　⇨関白の政治的地位確立
醍醐天皇	昌泰の変（901）　⇨菅原道真左遷
	延喜の治
	延喜の荘園整理令（902）
	『日本三代実録』　…最後の六国史
	『延喜格式』
村上天皇	天暦の治
	乾元大宝鋳造（958）　…最後の皇朝十二銭
藤原実頼	安和の変（969）　⇨源高明左遷，以後は摂政・関白を常置
藤原道長	４人の娘を入内させる
	「此の世をば我が世とぞ思ふ望月の　かけたることも無しと思へば」（藤原実資『小右記』収載）
	法成寺建立，『御堂関白記』
藤原頼通	後一条・後朱雀・後冷泉三代（道長の外孫）の摂政・関白歴任
	平等院鳳凰堂建立

5 　律令体制の変容と終焉について理解しておこう

①土地制度

8〜9C	浮浪・逃亡・偽籍の横行
	公営田（823 大宰府）・官田（879 畿内）など政府直営地の設定
10C	地方政治の転換
	受領（国司の最上席者）への権限集中
	…諸国の行政を一任・中央政府への納税責任
	在庁官人を採用し国衙機構を再編
	田堵（負名）による名田耕作と税の納入（官物・臨時雑役）
11C	開発領主らによる荘園開発の進展（領域型荘園・寄進地系荘園）

②武士の台頭

- 軍事貴族の成長

　天慶の乱（939〜941年　平将門・藤原純友による，承平・天慶の乱とも）を鎮圧した平貞盛・藤原秀郷・源経基ら　⇨子孫はのちに武家の棟梁に成長

- 軍事貴族および各地に出現した武士たち

　検非違使・押領使・追捕使・滝口の武士などに採用され，京や地方の治安維持を担う

6 古代の文化について，宗教の展開を軸に整理しておこう

縄文文化	アニミズム
古墳文化	祈年祭・新嘗祭などの農耕祭祀，祖先神などの祭祀
飛鳥文化	氏寺の建立〔飛鳥寺・法隆寺など〕
白鳳文化	国家仏教の始まり，官寺の建立〔薬師寺・大官大寺など〕 伊勢神宮などの神社祭祀の整備
天平文化	**国家仏教**の推進（鎮護国家思想），諸国に国分寺・国分尼寺建立，大仏造立，南都六宗の成立 神仏習合の始まり
弘仁・貞観文化	天台宗（台密）・真言宗（東密）の成立，**密教**の流行 唐風文化の最盛期
国風文化	天台宗・真言宗の勢力拡大，**浄土教**の流行 阿弥陀堂の建立〔法成寺・平等院鳳凰堂など〕 本地垂迹説の成立

原始・古代の対策

▶　教科書に掲載されている**史料や遺物の銘文（金石文）**は必ず読み，内容を理解しておこう。『漢書』地理志をはじめとする中国の歴史書，七支刀・好太王碑・埼玉県稲荷山古墳出土の鉄剣などの金石文，『日本書紀』『続日本紀』などの歴史書，『小右記』などの記事は重要である。それらの記述をもとにした政治・外交・社会の特徴・変遷を考察する問題に対応できる力を備えておきたい。

▶　教科書に掲載されている**写真・図版**に目を通し，原始時代の道具・墓制・集落・古墳などの**形状と役割などを把握**するとともに，旧石器・縄文・弥生時代の**生活様式の変化**に留意しておこう。

▶　**東アジア情勢と国内政治がどのように関連しているか**ということを意識しよう。隋や唐の勢力が朝鮮半島に及ぶと，日本にも大きな危機感がもたらされた。そうしたことが背景となって，中央集権体制の形成が促されたと考えられている。推古天皇らの政治改革，大化の改新，白村江の戦い後の律令体制の整備と東アジア情勢の関連は重要な考察課題である。簡単な年表を作成して関連事項を整理することも有効である。

▶　律令政治については，**中央集権体制に必要な要件は何か**という視点をもちながら，官職・官人制度・地方統治のしくみなどの基本知識を身につけたい。単純な暗記であってはならないだろう。

▶　**藤原氏が政治的地位を確立するまでの過程**について整理しておこう。奈良〜平安時代の政治・事件は，順を追って，その背景・経過・結果を確認しておくこと。摂

関政治の特質についても理解しておきたい。

▶　**土地・税制**は，難しく感じる分野である。律令体制の原則であった公地公民と班田収授法がしだいに動揺し，荘園が拡大していく過程は，土地制度について書かれた**教科書の該当箇所をつなげて読む**，各時代の重要事項を書き出してみるなどの作業を通して，語句の意味や変化の過程を理解したい。荘園制の拡大は，武士の台頭とも関わり，歴史展開の考察力が問われるところである。

第2章　原始・古代

演習問題

9 　田中さんのクラスでは，「倭の時代」をテーマに調べたことを発表することに
なった。倭の時代を知るには，遺跡などの発掘から得られる考古学的成果と文
献研究から得られる成果の双方からのアプローチが求められるが，田中さんは，教
科書などにある中国の文献史料（**資料A～D**）から，倭の時代の日本列島における
政治的状況と，倭と中国・朝鮮との関係を調べた。資料を読み，下の問いに答えよ。
（資料は，一部省略したり，書き改めたりしたところもある。）

資料A　紀元前1世紀の倭に関する記述
　夫れ楽浪海中に倭人有り，分れて百余国と為る。歳時を以て[注1]来り献見すと云
ふ。

（『漢書』地理志）

資料B　1～2世紀の倭に関する記述
　建武中元二（57）年，倭の奴国，貢を奉じて朝賀す。使人自ら大夫と称す。倭
国の極南界なり。光武，賜ふに印綬[注2]を以てす。安帝の永初元（107）年，倭
の国王帥（師）升等，生口[注3]百六十人を献じ，請見を願ふ。桓霊の間[注4]，倭
国大いに乱れ，更相攻伐して歴年主なし。

（『後漢書』東夷伝）

資料C　3世紀の倭に関する記述
　其の国，本亦男子を以て王と為す。住まること七，八十年。倭国乱れ，相攻伐し
て年を歴たり。乃ち共に一女子を立てて王と為す。名を卑弥呼と曰ふ。……景初
二年[注5]六月，倭の女王，大夫難升米等を遣し郡に詣り，天子に詣りて朝献せ
んことを求む。

（「魏志」倭人伝）

資料D　5世紀の倭に関する記述
　興死して弟武立つ。自ら使持節都督倭・百済・新羅・任那・加羅・秦韓・慕韓七
国諸軍事安東大将軍倭国王と称す。
　順帝の昇明二（478）年，使を遣して上表して曰く，「封国[注6]は偏遠にして，
藩を外に作す。昔より祖禰躬ら甲冑を擐き，山川を跋渉して寧処に遑あら
ず[注7]。東は毛人[注8]を征すること五十五国，西は衆夷[注9]を服すること
六十六国，渡りて海北[注10]を平ぐること九十五国……」と。

（『宋書』倭国伝）

（注1）　歳時を以て：定期的に。
（注2）　印綬：「漢委奴国王」の金印と印に付ける組み紐といわれている。
（注3）　生口：奴隷。
（注4）　桓霊の間：後漢の桓帝と霊帝の頃（2世紀後半）。
（注5）　景初二年：景初三（239）年の誤り。
（注6）　封国：自分の国。
（注7）　寧処に遑あらず：落ち着いている暇もない。
（注8）　毛人：関東・東北の人々のことか。
（注9）　衆夷：九州南部の人々のことか。
（注10）　海北：朝鮮半島のことか。

　資料A～Dの読解に取り組んだ田中さんは，それぞれの倭の状況を模式図にまとめた。**誤っているもの**を，次の①～④のうちから一つ選べ。（図中の○印は倭のこと。）

① 　資料A

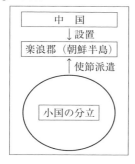

② 　資料B

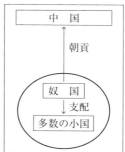

③ 　資料C

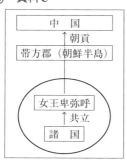

④ 　資料D

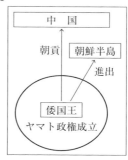

〔本書オリジナル〕

10 日本の古代について学習している鈴木さんたちは，A班とB班に分かれ，A班は7世紀における律令国家建設の取り組み，B班は日本における仏教の受容についてそれぞれ調べた。次の問い（(1)・(2)）に答えよ。

(1)　A班は発表にあたって，律令国家の形成過程を時系列で説明するために3枚のカードを作成した。次のa〜dの文のうち，カード1とカード3に入る文の組合せとして適当なものを，下の①〜④のうちから一つ選べ。

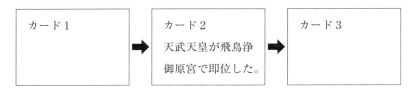

| カード1 | → | カード2
天武天皇が飛鳥浄御原宮で即位した。 | → | カード3 |

a　最初の全国的戸籍が作成された。

b　本格的な都城制を備えた最初の都がつくられた。

c　八種類の姓が定められ，天皇中心の新しい身分秩序が形成された。

d　皇位継承をめぐる内乱が起き，旧朝廷側についた有力豪族が没落した。

① カード1—a　　カード3—c

② カード1—a　　カード3—d

③ カード1—b　　カード3—c

④ カード1—b　　カード3—d

(2)　B班は日本における仏教受容期の寺院についてまとめ，発表した。**発表資料**を読み，下の問いに答えよ。

発表資料

　日本には，6世紀半ばに百済から仏像・経論などが伝えられたが，『日本書紀』によると，蘇我氏らと物部氏らの崇仏・排仏論争があり，欽明天皇は試しに蘇我氏に崇拝させることにしたという。その後，物部氏が滅ぶと蘇我氏により寺院が設立されるようになった。

　本格的な伽藍を配置した最古の寺院である飛鳥寺の中心には塔がつくられていたが，その塔の心礎（塔の中心となる柱の土台）には，次の**写真**にある勾玉，管玉，ガラス製のトンボ玉，金銅製の金具など後期古墳の副葬品と同じ遺物が納められていることがわかった。

写真

写真提供：奈良文化財研究所飛鳥資料館

B班は，**写真**の遺物が寺院の塔の心礎に納められている事実から読み取れることをまとめた。その正誤の組合せとして正しいものを，下の①〜④のうちから一つ選べ。

I　古墳と寺院が，死者を供養するという点で共通の性格をもつことを示している。

II　日本では，早くから仏と神が一体化していることを示している。

III　仏教が古い習俗を継承し，国家仏教として成立したことを示している。

① I　正　　II　正　　III　誤　　② I　正　　II　誤　　III　誤
③ I　誤　　II　正　　III　正　　④ I　誤　　II　誤　　III　正

〔本書オリジナル〕

11 高校生のリツさんは，庚午年籍が，最初の本格的な戸籍とされていることを知った。そこで，日本古代の戸籍や計帳について調べてみた。次の**史料**は，正倉院に残る古代の計帳である。この**史料**に関して述べた後の文a〜dについて，最も適当なものの組合せを，後の①〜④のうちから一つ選べ。

史料

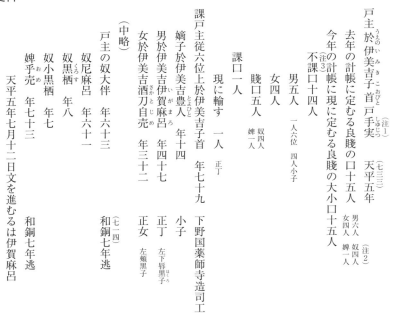

戸主 於美吉子首戸手実（注1）　天平五年（七三三）

去年の計帳に定むる良賤の口十五人　男六人　奴四人　女四人　婢一人（注2）

今年の計帳に現に定むる良賤の大小口十五人

不課口十四人（注3）

男五人　一人六位　四人小子

女四人

課口一人

賤口五人　奴四人　婢一人

現に輸す　一人　正丁

課戸主従六位上於伊美吉豊人　年七十九　下野国薬師寺造司工

嫡子於伊美吉首　年十四　小子

男於伊賀麻呂　年四十七　正丁　左下唇黒子

女於伊賀酒刀自売　年三十二　正女　左頬黒子

（中略）

戸主の奴大伴　年六十三　（七一四）和銅七年逃

奴尼麻呂　年六十一

奴黒栖　年八

奴小黒栖　年七

婢乎売　年七十三

天平五年七月十二日文を進むるは伊賀麻呂

（注1）手実：各戸から提出する申告書。
（注2）奴・婢：賤民。奴は男性，婢は女性。
（注3）不課口：調・庸等を負担する人を課口といい，負担しない人を不課口という。

a　この戸で，調・庸を納めるのは5人であることが分かる。
b　計帳からは，年ごとの戸の人数の変動が分かる。
c　逃亡した奴や婢は，計帳から削除されており，解放されたと考えられる。
d　黒子の位置が記されているのは，本人を特定するためと考えられる。

①　a・c　　　②　a・d　　　③　b・c　　　④　b・d

〔2022年度本試験　日本史B・改〕

12 　古代の東北地方の官道や国府・城柵は，「中央政府にとり蝦夷支配の重要拠点であった」が，方位を逆転した次の地図Ⅰ～Ⅲを参考にすれば，「蝦夷にとり中央政府の脅威を象徴するものであった」と見ることもできる。その根拠として，**地図から読み取れる情報**の中から正しいものを**X～Z**から選び，選んだ情報と**歴史的事実a～c**の組合せとして正しいものを，下の①～⑨のうちから二つ選べ。

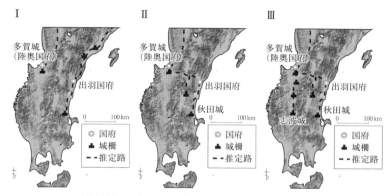

（群馬県立歴史博物館『古代のみち』，地理院地図などにより作成）

（注）　地図中，陰影の薄い部分は平野部を表す。

地図から読み取れる情報

X　中央政府はこの地域には国を設置しなかった。

Y　中央政府はこの地域の平野部から支配域を拡大していった。

Z　中央政府はこの地域の太平洋沿岸部に城柵を多く設置した。

歴史的事実〔a～cはすべて正しい〕

a　蝦夷は，しばしば多賀城や秋田城を襲撃の対象とした。

b　中央政府は，城柵の近くに関東の農民を移住させて開墾を行った。

c　蝦夷は，独自の言語や墓制などを保持した。

① 　X－a　　　　② 　X－b　　　　③ 　X－c

④ 　Y－a　　　　⑤ 　Y－b　　　　⑥ 　Y－c

⑦ 　Z－a　　　　⑧ 　Z－b　　　　⑨ 　Z－c

〔第2回プレテスト　日本史B〕

13　健さんと愛さんは，藤原氏が他氏を排斥し摂関政治を確立する経過を調べてい
　　て，絵画資料甲・乙・丙を手にした。次の会話文を読み，下の問い（(1)・(2)）
　　に答えよ。

甲

都の人々が，ある門の炎上を画面右側に描かれた平安宮正門
である朱雀門（すざくもん）の内側から見上げている場面

乙　　　　　　　　　　　　　　　丙

事件の「真相」が発覚するきっかけとなった，都に住む子どもの
喧嘩（けんか）に親が介入してきた二つの場面（一部分を拡大している）

健：この絵画に描かれている人々の表情って，一人ひとり違っていてとても表現が
　　豊かじゃないか。

愛：確かにそう。そのまま歴史漫画の一コマみたい。

健：この絵画は，藤原氏北家が権力を握り，天皇に代わって政治を行う過程で起き
　　た事件の一部を描いているらしい。

愛：知っているよ。これって，<u>平安宮内にあったある門が炎上した事件</u>を描いてい
　　るんだよね。

健：そういえば，資料集にもあったね。

愛：この絵画は，院政期に描かれた　ア　の一つだよ。よく見ると，　イ　こと

もわかるね。

健：ほんとだ。絵画資料って過去の人々からの歴史的メッセージみたいだ。

(1)　次のA～Dは，藤原氏北家による他氏排斥の過程を時代順に示している。下線部の事件が起きた時期として正しいものを，下の①～⑤のうちから一つ選べ。

A　伴健岑・橘逸勢らが，謀叛を企てたとされ配流された。
B　藤原氏が，宇多天皇の勅書に抗議しこれを撤回させた。
C　菅原道真が，藤原氏の讒言により大宰権帥に左遷された。
D　藤原氏が，左大臣源高明を失脚させた。

①　Aより前　　　　　②　AとBの間　　　　　③　BとCの間
④　CとDの間　　　　⑤　Dより後

(2)　会話文中の空欄　ア　　イ　に入る語句・文の組合せとして適当なものを，下の①～④のうちから一つ選べ。

ア

a　屏風絵　　　　　　b　絵巻物

イ

c　甲から，文化の国風化が進んだ平安時代前期には，朱雀門は瓦葺ではなく日本風の檜皮葺だった
d　甲・乙・丙から，平安時代の都の成年男子は，帽子などのかぶり物をかぶるのが一般的だった

①　ア－a　イ－c　　　　　②　ア－a　イ－d
③　ア－b　イ－c　　　　　④　ア－b　イ－d

〔2010年度本試験　日本史B・改〕

14　吉田さんのクラスは，テーマ学習で国風文化に取り組むことになった。国風文化について何を取り上げても自由とのことだったので，吉田さんは平等院鳳凰堂について調べることにした。10円硬貨のデザインに使われており，身近に感じていたからでもあった。

　吉田さんは，**写真Ⅰ・Ⅱ**をもとに，XとYの2つの考えをクラスで発表した。その正誤の組合せとして正しいものを，下の①～④のうちから一つ選べ。

写真Ⅰ　平等院鳳凰堂

写真Ⅰ：©平等院

写真Ⅱ　平等院鳳凰堂阿弥陀如来像

X　写真Ⅰの平等院鳳凰堂の構造の一部には，平安時代の貴族の住宅に用いられた様式に通じるものがある。

Y　写真Ⅱの仏像に用いられている彫刻技法は，浄土教普及による阿弥陀如来像の大量需要に応えるものであった。

① X　正　　Y　正　　　　② X　正　　Y　誤
③ X　誤　　Y　正　　　　④ X　誤　　Y　誤

〔本書オリジナル〕

15　加藤さんは，10 世紀に入って律令制が行きづまり，そのあり方が変質すると，地方政治にどのような変化が起きるのかを，以下の**資料A・B**をもとに調べ，発表した。（資料は，一部省略したり，書き改めたりしたところもある。）

資料A　尾張国郡司百姓等解（げ）

尾張国郡司百姓等解し申し請ふ官裁（注1）の事。

裁断（さいだん）せられむことを請ふ，当国の守（かみ）藤原朝臣元命（あそんもとなが），三箇年の内に責め取る非法の官物（あわ）幷（らんぎょうおうほう）せて濫行（おうほう）横法三十一箇条の□□（愁状）（注2）

一，裁断せられむことを請ふ，例挙（注3）の外に三箇年の収納，暗に以て加徴（そら　もっ　かちょう）せる正税（しょうぜい）四十三万千二百四十八束が息利の十二万九千三百七十四束四把一分（そく）（わ）の事。

一，裁断せられむことを請ふ。守元命朝臣，京より下向（げこう）する度毎（たびごと）に，有官（注4），散位（さんに）（注5）の従類，同じき不善の輩（ともがら）を引率するの事。

　　永延（えいえん）2（988）年 11 月 8 日　　　　　　　　　郡司百姓等

（注1）　官裁：太政官の裁断。
（注2）　愁状：嘆願書。
（注3）　例挙：定例の出挙。
（注4）　有官：位につき官職をもつ者。
（注5）　散位：位のみで官職のない者。

資料B　遺跡からみた郡家（郡衙）の存続期間

国名	郡名	600	700	800	900	1000 (年)
常陸	鹿島					
下野	足利					
下総	相馬					
武蔵	都筑					
相模	鎌倉					
信濃	伊那					
駿河	志太					
遠江	敷智					
三河	渥美					
近江	栗太					
山城	久世					
河内	安宿					
摂津	島上					
因幡	気多					
伯耆	八橋					
美作	勝田					
備後	三次					
筑後	御原					
肥後	玉名					

（山中敏史『古代地方官衙遺跡の研究』より作成）
（注）　破線は，遺跡の存在が不確かな期間。

第2章

> **発表資料**
> 　資料 A は，私腹を肥やすために重税を課し，不正を行う国司を断罪するもの
> であり，資料 B からは 8 〜 10 世紀にかけての郡司の社会的地位の変動を読み
> 取ることができる。私は，資料 A の中の ┃ ウ ┃ という部分が，8 世紀の律令
> 体制における地方政治と 10 世紀の地方政治の違いを示していると考えた。そ
> れは， ┃ エ ┃ と考えられるからである。

　加藤さんが注目した空欄 ┃ ウ ┃ に入る言葉は X・Y の二つが考えられる。X・
Y の言葉と空欄 ┃ エ ┃ に入る理由 a 〜 d の組合せとして正しいものを，下の①〜
④のうちから一つ選べ。

┃ ウ ┃
X　郡司　　　　　　　Y　官物

┃ エ ┃
a　8 世紀に郡家（郡衙）を拠点に活動した郡司が，しだいに郡家から国衙へ進出
　 し国守の不正を追及するようになった
b　8 世紀に郡家（郡衙）を拠点に活動した郡司が，しだいに衰退し百姓とともに
　 国守の不正を追及する立場になった
c　官物という名称の使用は，口分田の班給が不可能となり，税目が変化して租と
　 いう名称が使用されなくなったことを示す
d　官物という名称の使用は，口分田の班給が不可能となり，主な課税対象が土地
　 から人に転換されたことを示す

①　X − a　　　Y − c　　　　　②　X − a　　　Y − d
③　X − b　　　Y − c　　　　　④　X − b　　　Y − d

〔2012 年度本試験　日本史 B・改〕

第2章　原始・古代　　　　解答解説

9　　正解は②

資料の中国史書の読解を通して，倭の政治的状況と倭と中国・朝鮮との関係を考察し，誤っている模式図を選ぶ問題である。

①正しい。**資料A**（『漢書』地理志）に，倭は百以上の小国に分かれており，（前漢が朝鮮に置いた）**楽浪郡**に定期的に朝貢しているとある。

②誤り。奴国が多数の小国を支配しているという記述は，**資料B**（『後漢書』東夷伝）にみられない。また，奴国の中国への朝貢には，対立する他の小国に対して中国皇帝の権威を利用して優位に立とうとする意図がうかがえる。倭の奴国の対外交渉を示した部分は正しいが，倭の政治的状況の部分は誤りである。

③正しい。**資料C**（「魏志」倭人伝）に「倭国乱れ，相攻伐して年を歴たり。乃ち共に一女子を立てて王と為す。名を卑弥呼と曰ふ」とあるので，倭国では，長年の対立抗争をへて**卑弥呼**が共立されたことがわかる。対外交渉では，倭の女王（卑弥呼）が，朝鮮の**帯方郡**（資料中の「郡」）に使者を送り，中国皇帝に拝謁できるよう求めたことがわかる。

④正しい。**資料D**（『宋書』倭国伝）中の「武」は**ワカタケル大王（雄略天皇）**と考えられている。資料では「毛人」「衆夷」「海北」の諸国を平定したとしており，誇張があるとしても，5世紀には倭の統一が進み，のちに**ヤマト政権**と呼ばれる政権が成立していたと考えられる。埼玉県稲荷山古墳出土の鉄剣銘や熊本県江田船山古墳出土の鉄刀銘にワカタケル大王の名がみえることも思い出したい。次に，武が求めた称号には朝鮮諸国の国名が挙げられており，中国皇帝からは独自に中国に朝貢している百済を除いた称号が与えられている。これらから「倭国王」が中国に朝貢し冊封を受けるとともに，朝鮮半島への進出を図ろうとしていると判断できる。

NOTE　中国から与えられた称号と倭国

「漢委奴国王」	1世紀。倭（委）の中の一国である奴国の王とされた。奴国以外にも様々な小国があることを予見させる。
「親魏倭王」	3世紀。倭という，奴国よりも広域の地域の統治が魏の皇帝から許されたことを示している。倭の内部が政治的統合へ向けて動いていることが理解できる。
「倭国王」	5世紀。中国から，倭という地域名ではなく倭国という国名で呼ばれるようになってきている。ここから，倭国をある程度は統一した政権の存在が考えられる。

10　(1)　正解は①

大化改新以後の，天智天皇・壬申の乱・天武天皇・持統天皇という時系列の中で，律令国家建設に向けてとられた施策を考察する力を問う問題である。

カード1．天武天皇が673年に飛鳥浄御原宮で即位する以前のことが対象となる。

a．正文。「最初の全国的戸籍」とは庚午年籍（670年）のことであり，天智天皇により作成された。天武天皇の即位以前のことであり正しい。

b．誤文。「本格的な都城制を備えた最初の都」は藤原京で，天武天皇が造営を開始し持統天皇の時に完成した。天武天皇即位以後のことであり誤り。持統天皇は，694年に飛鳥浄御原宮から藤原京へ遷都した。

カード3．天武天皇が飛鳥浄御原宮で即位した673年以降のことが対象となる。

c．正文。壬申の乱（672年）に勝利した大海人皇子は，天武天皇として即位すると大臣を置かない皇親政治を実施し，その地位はしだいに神格化された。天皇中心の新しい身分秩序の形成を図った「八種類の姓」は八色の姓（684年）のことで，天武天皇の時代に制定されており正しい。八色の姓は，真人を筆頭に朝臣・宿禰・忌寸・道師・臣・連・稲置と並ぶ。

d．誤文。リード文から問題は7世紀のことに限定されるので，「皇位継承をめぐる内乱」は壬申の乱（672年）となる。これは天武天皇即位以前のことであり誤り。壬申の乱は天智天皇の子大友皇子と天皇の弟大海人皇子の間で起きた。大海人皇子が勝利して，近江大津宮から飛鳥浄御原宮へ遷都し，天武天皇となった。この乱で，大友皇子方についた有力豪族は失脚し，天武天皇を中心とする中央集権国家体制の形成が進んだ。

よって，カード1－a，カード3－cが正しい組合せとなり，①が正解。

(2)　正解は②

発表資料と写真を読み取り，古墳と寺院の連続性を考察する力を問う問題である。

Ⅰ．正文。発表資料にあるように，飛鳥寺は「本格的な伽藍を配置した最古の寺院」である。寺院の伽藍配置では，仏教伝来当初は塔が中心を占めており，飛鳥寺では塔を中心に3つの金堂がこれを囲んでいる。この塔の心礎に後期古墳の副葬品と同じ遺物が納められていたことから，塔は古墳の石室と同じ役割を果たしていたと考えられる。その役割は死者の供養と考えられるので，正しい。

Ⅱ．誤文。副葬品は，遺体とともに墓である古墳に納められたものである。副葬品の内容から，葬られた人物が司祭者的性格や武人的性格をもつことなどを知ることができるが，副葬品は死者の霊を弔うためのものと考えられ，葬られた人物を「神」として崇めたものではない。よって，古墳の副葬品と同じ遺物が寺院の塔の心礎から発見されても，それが「仏と神が一体化」していることを示したこと

にはならない。「仏と神が一体化」とは，神宮寺などに示される神仏習合のことで，奈良時代に始まる。

Ⅲ．**誤文**。古墳と同じ遺物が塔の心礎に納められたことは，祖先を祀る信仰が仏教に継承されていることを示しており，「古い習俗を継承」していることを指摘した点は正しいが，「国家仏教として成立した」とするのは誤りである。**国家仏教**は，鎮護国家思想のもと国家権力と結び，国家の保護・統制を受ける仏教で，7世紀後半の天武朝で成立した。飛鳥寺の造営された6世紀末〜7世紀初頭には該当しない。

よって，Ⅰ—正，Ⅱ—誤，Ⅲ—誤となり，②が正解。

CHECK　古代寺院の伽藍配置の変遷

飛鳥文化　　　　　　　白鳳文化　　　　　　天平文化

飛鳥寺式　　四天王寺式　　法隆寺式　　薬師寺式　　東大寺式　　大安寺式

■塔　□金堂　□講堂　■回廊　■中門　□南大門

塔は仏舎利（釈迦の遺骨）を納める施設で当初は寺院の中心に建てられたが，本尊への信仰が盛んになると本尊を祀る金堂が寺院の中心的な位置を占めるようになった。その後，仏教教学が重んじられると，寺院の中心は講堂へと変化した。こうした流れの中で塔は2つに分かれ，さらに中門・南大門の外へと移動し，寺院の中心から外れていった。

11　正解は④

■　古代の公民の税負担に関して，史料（計帳）の読み取りと知識を問う問題である。

a．**誤文**。史料の右から8行目に「課口一人」とある。調・庸は17〜65歳の良民男子に課されたので，それらを負担する「課口」は，史料の右から12行目の「男於伊美吉伊賀麻呂　年四十七　正丁」だけである。その他の男子5人と女子4人，奴婢5人の計14人は，史料の4行目にあるように調・庸を負担しない「不課口」である。

b．**正文**。史料の右から2〜3行目に「去年の計帳に…十五人」「今年の計帳に…十五人」とある。**計帳は毎年作成された**ので，このような表記から年ごとの戸の人数の変動がわかる。

c．**誤文**。史料の左から2行目と6行目の人名の下に「逃」という表記があるので，「逃亡した奴や婢は，計帳から削除されており，解放された」は誤り。

d．**正文**。史料に「左下唇黒子」「左頬黒子」とあるように，計帳には個人を識別するために，**本人の身体的特徴**も記されている。

よって，**b・d** が正しい組合せとなり，**④** が正解。

NOTE 戸籍と計帳

戸籍	…班田の基本台帳→6年に一度作成（氏姓の根本台帳／保存期間は30年）
計帳	…調・庸賦課の基本台帳→毎年作成（容貌など身体的特徴も記す）

12　正解は④・⑤

律令国家の東北経営に関して，「蝦夷からの視点」を示した3つの地図から読み取れる情報の正誤を判定し，さらにその情報に合致した歴史的事実を選ぶ問題。歴史を多角的に考察する力が問われ，手順が2段階で正解も2つあるなど，難度は高い。

地図から読み取れる情報

X．誤文。 3つの地図には陸奥国府・出羽国府とあるので，「この地域には国を設置しなかった」は誤りとわかる。

Y．正文。 3つの地図からは，多賀城・秋田城・志波城などの城柵が平野部に設置されたことが読み取れる。これらの城柵は，この地域に居住する蝦夷に対する防御施設かつ行政施設であり，地域支配の拠点となった。

Z．誤文。 Ⅲの地図を見ると，太平洋沿岸部にある城柵は多賀城のみである。

歴史的事実

a．適当。 780年，蝦夷の豪族伊治呰麻呂が乱を起こし，一時多賀城が陥れられたことなどを思い出したい。その後30数年に及ぶ東北での戦争は，征夷大将軍坂上田村麻呂が802年に胆沢城，803年に志波城を築き，終息に向かった。しばしば多賀城や秋田城が蝦夷たちの襲撃の対象になったのは，これらの城柵が朝廷の支配拠点であり，「中央政府の脅威を象徴するものであった」からである。したがって，**Y**「中央政府は…支配域を拡大していった」と符合する。

b．適当。 関東から城柵近くに移住させられ，開墾にあたった農民を柵戸という。このような開墾事業の推進は，**Y**「中央政府は…支配域を拡大していった」と符合する。

c．不適。 蝦夷が「独自の言語や墓制などを保持した」こと自体は，中央政府の支配域拡大とその脅威とは直接関わりがない。

よって，**④Y−a**，**⑤Y−b** が正解。

13 (1)　正解は②

藤原氏北家が，有力な他氏を排斥して摂関政治を確立する過程において，応天門の変が起きた時期を確定させる問題である。

藤原氏北家による主な他氏排斥事件を整理すると以下の通りである。

承和の変（842年）（＝A）

「**伴健岑**・**橘逸勢**らが，謀叛を企てたとされ配流された」事件。**藤原良房**の策謀によるとされる。

→ 皇太子であった恒貞親王は廃され，道康親王が皇太子に就いた。親王はのちの**文徳天皇**で，清和天皇の父にあたる。

応天門の変（866年）

下線部の「平安宮内にあったある門が炎上した事件」。

→ 左大臣 源 信（みなもとのまこと）を失脚させるため事件を企てたとして，大納言**伴善男**らが流罪となった。**清和天皇**の外祖父にあたる**藤原良房**が正式に**摂政**に任じられ，事件の処理にあたった。

阿衡の紛議（阿衡事件・887〜888年）（＝B）

「藤原氏が，宇多天皇の勅書に抗議しこれを撤回させた」事件。この「藤原氏」とは**藤原基経**（良房の養子）のことである。

→ これにより，**関白**の政治的地位が確立されたとされる。

昌泰の変（901年）（＝C）

右大臣**菅原道真**の大宰権帥への左遷。左大臣**藤原時平**の讒言に始まる事件で，**醍醐天皇**（宇多天皇の子）の時である。

安和の変（969年）（＝D）

藤原氏の策謀により，左大臣**源高明**が失脚した事件。

→ その後，摂政・関白がほぼ常置されるようになり，**藤原忠平**の子孫がその地位を継承するようになった。

以上から，応天門の変が起きた時期は②**A**と**B**の間が正解。

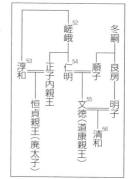

（系図）

嵯峨[52] ─ 淳和[53]・正子内親王・仁明[54]
冬嗣 ─ 順子・良房
正子内親王 ─ 恒貞親王（廃太子）
仁明[54] ─ 文徳（道康親王）[55]
明子 ─ 清和[56]

(2)　正解は④

絵画資料から読み取った情報と知識を活用し，平安時代前期の文化・風俗を考察する力を問う問題である。

ア．**甲**は，応天門の炎上を見上げる人々を描いたもので，『**伴大納言絵巻**』の一部である。**b**．絵巻物が正解。**a**の屏風に描かれた**屏風絵**ではない。ただし，『伴大納言絵巻』の成立は院政期であり応天門の変当時の平安時代前期ではないこと

に注意したい。

イ．**c**．誤文。文化の国風化が進むのは平安時代中期であり，「平安時代前期」とするのは誤りである。また，**甲**から朱雀門は瓦葺であり，「檜皮葺」ではない。檜皮葺とはヒノキの皮で屋根を葺いたもので，日本風の建築様式の一つである。

d．正文。**甲・乙**から，成年男子が烏帽子といったかぶり物をかぶっていることがわかる。**乙・丙**も『伴大納言絵巻』の一部であるが，**丙**に描かれた女性や女性に手を引かれた子どもは，かぶり物を身につけていない。

よって，アー**b**，イー**d**が正しい組合せとなり，**④**が正解。

CHECK　院政期の主な絵巻物
院政期には，大和絵の手法を取り入れた絵と詞書による絵巻物が発展した。この時代の主な絵巻物には，『**源氏物語絵巻**』，『**鳥獣戯画**』（伝鳥羽僧正覚猷作），『**信貴山縁起絵巻**』，『**伴大納言絵巻**』などがある。当時の社会の様子や人々の生活を伝える資料として貴重であり，いずれも資料集で確認しておくとよい。

14　正解は①

写真を参考に，10世紀以降の浄土教の普及と国風美術との関連を考察する力を問う問題である。

X．正文。「極楽いぶかしくば宇治の御寺をいやまえ」（『後拾遺往生伝』）といわれたように，平等院は極楽の現出を意図して**藤原頼通**により造営された。その中心となる**写真Iの平等院鳳凰堂**は，極楽にある池の中に浮かぶように建てられている。平安時代の貴族の住宅様式とされる**寝殿造**にも池や庭園をもつものが多く，寝殿造にみられる透廊や釣殿に類似する施設が，鳳凰堂の中堂から左右に伸びる翼廊（鳳凰が広げた翼のように見える部分）に確認できる。

Y．正文。写真IIは，平等院鳳凰堂阿弥陀如来像である。この彫刻技法は，**定朝**が完成した**寄木造**の手法であり，仏像をいくつかの部分に分けて制作し，それらを組み合わせて一体の像にするものである。この技法の確立の背景には，**末法思想**により浄土信仰が広まったことによる仏像の大量需要があった。なお，弘仁・貞観期の仏像彫刻では**一木造**と呼ばれる手法が発達し，一本の木から一体の仏像を彫り出していた。

よって，**X**－正，**Y**－正となり，**①**が正解。

CHECK　末法思想

釈迦入滅 （前949年）	（51年）	末法元年 （1052年）
正法 1000年	像法 1000年	末法

釈迦の入滅後1000年間は，釈迦の教え（教），その実践（行），悟り（証）が伝えられる**正法**の時代が続くが，次の1000年間は教えと実践は伝えられても悟りを欠く**像法**の

時代となり，さらには教えはあっても実践と悟りのない**末法**の世が来るという思想。平等院鳳凰堂が建立されたのは，末法元年の翌年である 1053 年である。

15　正解は③

資料を通して，10 世紀に始まる律令制の衰退を 2 つの視点から多角的に考察する力を問う問題である。

ウに X「郡司」が入る場合

a．誤文。郡司は，律令制下で郡内の行政・訴訟などの事務を担当していた。律令制が衰退し，班田制の実施や租・庸・調の徴収が困難になると，政府は赴任する**国守（受領）**に地方統治の実質的な権限を委ねた。それにともない，受領の勤務する国衙が重要な位置を占めるようになり，郡司の役所である郡家（郡衙）は**資料B**にみえるように衰退した。郡司はその政治的地位を低下させたのであり，誤り。

b．正文。**資料A**の 4 ～ 6 行目にあるように，郡司は百姓と同様に国守藤原元命から法外な重税を課されており，かつて伝統的支配力を背景に地方行政官として百姓を統治していた頃とは別の性格をもつようになっている。郡司が「百姓とともに国守の不正を追及する立場になった」とみるのは正しい。なお，（注3）にある出挙とは春に貸し付けた稲などを，秋に利息とともに回収する税のこと。

ウに Y「官物」が入る場合

c．正文。口分田の班給が行われなくなると，政府は土地を名という課税単位に再編し，その耕作を田堵（有力農民）に請け負わせた（名の耕作を請け負った者を**負名**という）。その時に課された税の一種が**官物**であり，かつての租・庸・調や公出挙の利稲の系譜を引くものである。一方，雑徭に由来するものが**臨時雑役**である。

d．誤文。律令制における税の中心は，人を対象とした庸・調・雑徭などであった。租は口分田の面積を基準にした税であったが，その負担は収穫の約 3 ％であり，律令制における税の中心ではなかった。律令制度の崩壊でこのような税制が維持できなくなると，政府は名と呼ばれる田地に対して課税することにしたのである。課税対象は「人から土地に転換された」のであり，「土地から人に転換された」とするのは誤り。

よって，**X － b**，**Y － c** が正しい組合せとなり，**③**が正解。

第 3 章　**中世**　　　　　　　　まとめ

■ 中世の要点整理

❶　院政〜平氏政権の流れと特質を整理しておこう

①後三条天皇（親政）の改革

　記録荘園券契所の設置，延久の荘園整理令（1069 年），宣旨枡の制定

②院政の特徴（11 世紀後半〜12 世紀）

- 白河・鳥羽・後白河の三代の上皇による
- 皇室の長（治天の君）による専制的政治
- 院庁の開設（院宣・院庁下文の発令）
- 北面の武士（白河上皇が設置）による院の警護
- 院近臣（主に受領層）を重用
- 荘園（八条院領・長講堂領など）と知行国からの収入を経済基盤とする

③保元・平治の乱

保元の乱（1156 年）	…**鳥羽上皇の後継者争い**
勝利	後白河天皇・藤原忠通・源義朝・平清盛
敗北	崇徳上皇・藤原頼長・源為義・源為朝・平忠正

平治の乱（1159 年）	…**後白河上皇の近臣・武士の争い**
勝利	藤原通憲（信西）[⇨自殺]・平清盛
敗北	藤原信頼・源義朝・源頼朝 [⇨頼朝は伊豆配流]

④平氏政権の特徴（12 世紀末）

- 平清盛（1167 年　太政大臣）以下，平氏一族による高位高官の独占
- 天皇の**外戚**（1180 年　安徳天皇即位＝母は清盛の娘徳子）となり権力を握る
- 西国の武士を家人とし，荘園・知行国・**日宋貿易**の利益を経済基盤とする

❷　鎌倉幕府の基盤を理解しよう

- 武家政権の基盤＝将軍と御家人の御恩と奉公による主従関係

　　御恩　…御家人を地頭などに補任し，土地の支配権を保障すること

　　　　　●**本領安堵**＝先祖伝来の所領の地頭に補任

　　　　　●**新恩給与**＝新しい所領の地頭に補任

　　奉公　…御家人が一族を率いて軍役・番役などを果たすこと

　　　　　●**番役**＝京都大番役・鎌倉番役など

3　鎌倉幕府の政治展開を整理しておこう

①源頼朝の親裁期

- 平氏滅亡（1185 年），奥州藤原氏滅亡（1189 年）
- 幕府機構の整備

  | 中央 | …侍所・公文所（のち政所）・問注所の設置 |

  | 地方 | …守護・地頭・鎮西奉行・奥州総奉行の設置 |

②北条氏による執権政治　…執権と有力御家人による合議体制

執権	政治・事件ほか
時政	比企氏滅亡（1203），源実朝擁立（1203），源頼家殺害（1204）
義時	和田義盛滅亡（1213），源実朝殺害（1219 公暁による） 承久の乱（1221 後鳥羽上皇）　⇨六波羅探題・新補地頭の設置
	朝廷に対する武家優位の政治体制へ
泰時	連署・評定衆設置（1225），藤原頼経将軍就任（1226 摂家将軍） 御成敗式目制定（1232）…初の武家法
時頼	宝治合戦（1247）　⇨三浦泰村滅亡 引付衆設置（1249）

③北条氏による得宗専制政治　…北条氏一門と御内人による寄合政治

執権	政治・事件ほか
時宗	蒙古襲来 　文永の役（1274）　⇨異国警固番役の強化 　弘安の役（1281）
貞時	霜月騒動（1285）　⇨安達泰盛滅亡 平禅門の乱（1293）　⇨平頼綱滅亡 永仁の徳政令（1297） 　…御家人の窮乏（蒙古襲来の恩賞不十分，分割相続の繰り返しによる所領細分化， 　貨幣経済の浸透）対策　※惣領制の動揺，悪党の跳梁

④鎌倉幕府の滅亡

- 天皇家の分裂（持明院統・大覚寺統）　⇨両統迭立
- 後醍醐天皇による討幕計画の失敗（1324 年 正中の変，1331 年 元弘の変）
- 足利高（尊）氏・新田義貞らにより幕府滅亡（1333 年）

4　室町幕府による守護権限の拡大を理解しておこう

鎌倉時代	室町時代
大犯三カ条（京都大番役の催促，謀叛人の逮捕，殺害人の逮捕）および夜討・強盗・山賊・海賊等の取締り	左記に加え刈田狼藉の取締り・使節遵行・半済・守護請など 国人・地侍の家臣化　⇨一国全体に及ぶ地域支配を確立

5 室町時代の争乱を将軍ごとに整理しておこう

将軍	勃発年	主な争乱
	1335	中先代の乱　…北条時行を討伐
	1336	南北朝の動乱（〜1392）…北朝（持明院統）vs 南朝（大覚寺統）
尊氏	1350	観応の擾乱（〜1352）…尊氏・高師直 vs 足利直義
義満	1391	明徳の乱　…「六分一衆」山名氏清の討伐
	1399	応永の乱　…義満による大内義弘の討伐
義持	1416	上杉禅秀の乱　…鎌倉公方足利持氏 vs 前関東管領上杉氏憲（禅秀）
	1438	永享の乱　…義教・関東管領上杉憲実 vs 鎌倉公方足利持氏
義教	1440	結城合戦（〜1441）…持氏の遺児を擁した結城氏朝の乱
	1441	嘉吉の変　…播磨守護赤松満祐が義教を暗殺
	1454	享徳の乱（〜1482）
義政		⇨鎌倉府分裂（下総の古河公方，伊豆の堀越公方），関東が戦国時代へ
	1467	応仁・文明の乱（〜1477）⇨戦国時代へ

6 中世の外交と貿易を理解しておこう

①日中関係

■鎌倉時代 ─────────────────────

　日宋貿易　…民間商船

　　　　　　輸出　金・硫黄・刀剣・漆器など

　　　　　　輸入　宋銭・絹織物・書籍など

　日元貿易　…民間商船・寺社造営船

　　　　　　建長寺船（1325 年　鎌倉幕府）・天龍寺船（1342 年　足利尊氏・直義）

■室町時代 ─────────────────────

　日明貿易　…明皇帝への朝貢貿易（1401 年　足利義満の使節派遣により国交開始）

　　　　　　勘合の携帯，寧波への入港

　　　　　　輸出　銅・硫黄・刀剣・漆器など

　　　　　　輸入　明銭・生糸・陶磁器など

②日朝関係（室町時代）

　日朝貿易　…宗氏（対馬）の統制

　　　　　　三浦（富山浦・乃而浦・塩浦）の倭館で貿易

　　　　　　輸出　銅・硫黄・蘇木・香木など

　　　　　　輸入　木綿・大蔵経など

③琉球王国（室町時代）

　日琉貿易　…琉球王国（1429 年　尚巴志により統一）による中継貿易の展開

④蝦夷ヶ島

■鎌倉時代 ────────────────────────────────

　蝦夷管領安藤（東）氏による統制（津軽の十三湊を拠点）

■室町時代 ────────────────────────────────

　蝦夷ヶ島南部への和人の進出　⇨道南十二館の形成

　コシャマインの蜂起（1457年）　⇨武田信広（のち蠣崎氏を継承）による鎮圧

7 　中世の経済発展について，知識を整理しておこう

農　業：牛馬耕，肥料（刈敷・草木灰など），二毛作（室町時代には東日本へも普及）
　　　　米品種の多様化（大唐米の輸入），商品作物栽培（藍・楮・荏胡麻など）

商　業：座の結成，供御人（天皇に奉仕）・神人（寺社に奉仕，大山崎油神人・北野
　　　　神社麹座神人・祇園社綿座神人など）の活躍，座に属さない新興商人も出現
　　　　三斎市（鎌倉時代，月3回）・六斎市（応仁の乱後，月6回）
　　　　見世棚（常設店舗，京都・鎌倉・奈良などの都市で設置）

流　通：問丸（鎌倉時代，年貢輸送・保管業者）　⇨問屋（室町時代，卸売業者）
　　　　馬借・車借（陸上輸送を担う）

金　融：中国銭（宋銭・元銭・明銭を輸入）・私鋳銭
　　　　⇨年貢の銭納化（代銭納），撰銭による流通の混乱と撰銭令の発布
　　　　為替（遠隔地間の代金決済に利用）
　　　　借上（鎌倉時代），土倉・酒屋・寺院（室町時代）など金融業者が活動

8 　中世の文化について，仏教の展開を軸に整理しておこう

鎌倉文化	**新仏教の展開** …選び取られた易行に専心，武士や庶民に広がる 浄土宗（法然，専修念仏），浄土真宗（親鸞，悪人正機説） 時宗（一遍，踊念仏・遊行），日蓮宗（日蓮，題目） 臨済宗（栄西，坐禅・公案），曹洞宗（道元，只管打坐） **旧仏教の復興** …戒律の復興，社会事業の重視 貞慶（法相宗），明恵（華厳宗） 叡尊（真言律宗），忍性（真言律宗，北山十八間戸などの施療施設建設）
北山文化	五山・十刹の制　…臨済宗寺院の統制，室町幕府の保護 南禅寺を最高位，京都五山（天龍寺など）・鎌倉五山（建長寺など）
東山文化	林下の禅（五山に属さず自由な布教を行う，大徳寺・永平寺など） 浄土真宗（一向宗とも，蓮如，御文と講による北陸〜東海地方への布教） 日蓮宗（法華宗とも，日親，京都の商工業者への布教）

⑨ **戦国大名の領国支配**について，特徴を理解しておこう
- 実力による地域支配の確立（守護大名のほか，守護代・国人が**下剋上**で成長）
- 家臣団統制　…**寄親・寄子制**

  指出検地・貫高制による所領の給与と軍役賦課

  家臣の**城下町**集住，**分国法**の制定
- 経済の振興　…商工業者の城下町集住，**楽市令**，鉱山開発，治水，新田開発

■ 中世の対策

▶ 武家政治の特質を理解しておこう。鎌倉幕府の場合は，将軍と御家人の御恩と奉公の関係について，その具体的な内容の確認が重要である。また，守護と地頭の役割もしっかり区別しておきたい。室町幕府の場合は，一国全体に及ぶ地域支配権を確立し，将軍とともに幕府政治を担うようになった**守護（守護大名）**についての理解が不可欠である。

▶ 中世の政治・社会について，**承久の乱，蒙古襲来，建武の新政，南北朝の動乱，応仁・文明の乱**などは，その前後で幕府の政治体制・幕府と朝廷との関係・社会の状況などに大きな変化が生じた画期ととらえることができる。そうした問題意識をもって，事件の内容および影響をしっかり理解しておきたい。

▶ 中世の土地支配について，院政期に確立した**荘園公領制**は，鎌倉時代に地頭が荘園侵略を進め，室町時代には権限を拡大した守護が領国支配を進めていく中で，しだいに変質していく。これらのテーマに関しては，荘園絵図のほか古文書などの資料を活用した出題が増えていくと予想される。教科書学習に徹して基本知識を身につけ，考察力を養っておきたい。

▶ 民衆の台頭・動向は中世史の重要なテーマである。農業技術の進歩，商工業の発展，貨幣経済の発展および惣村の形成と一揆など，教科書にはこれらのテーマに関する多くの資料が掲載されている。「紀伊国阿氐河荘民の訴状」，「一遍上人絵伝」の備前国福岡市，「たわらかさね耕作絵巻」の揚水風景，「石山寺縁起絵巻」の馬借などの絵画資料，『大乗院日記目録』などの一揆に関する史料などである。これらを丁寧に確認しておく必要があるだろう。また，古代や近世との比較・考察問題も想定されるので，時代区分を意識しつつ中世の庶民に関する理解を深めておこう。

▶ 中国・朝鮮・琉球・蝦夷ヶ島（アイヌ）との関係について，国家・領域間の外交および貿易のあり方を正しく理解しておきたい。また，特に宋・元・明からは僧侶の交流を通じた**文化的影響**も強く受け，**鎌倉文化・室町文化**が形成された。文化史の学習では，作品名の暗記にこだわるのではなく，文化の特質やそのような特質が形成された背景について理解しておきたい。

第3章　**中世**

16 　日本史の授業で博物館に行ったB班は，寺院に関する展示資料から，仏堂（仏像を安置する建物）の構造や仏像の配置が，仏教の社会的役割によって変化してきたことに気付き，カードと模式図を作成した。

　各時代における仏教の社会的役割に関する3枚のカード（時代順になっているとは限らない）を参考にして，図ア〜ウについて，古いものから順に配列した場合，正しいものを，下の①〜⑥のうちから一つ選べ。

カード
国家の安定を目的とした仏教であったので，僧侶だけが仏堂の中で読経した。

カード
民衆を救済する仏教が成立し，信者が一斉に集まって祈る場としての仏堂が作られた。

カード
仏の加護を願って，一定期間仏堂にこもる習慣が貴族の間に広がっていった。

ア

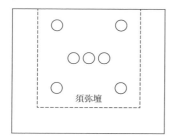

イ

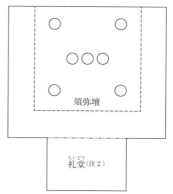

ウ

図は仏堂の内部を上から見た簡単な模式図である。□□□は仏堂を，┈┈┈は須弥壇を表している。○は仏像の位置を示す。（なお，縮尺は同じではない）

（注1）　須弥壇とは，仏像が置かれている一段高い場所。

（注2）　礼堂とは，礼拝するために拡げられた場所。

① アーイーウ　　　② アーウーイ　　　③ イーアーウ

④ イーウーア　　　⑤ ウーアーイ　　　⑥ ウーイーア

〔第1回プレテスト 日本史B・改〕

17 荘園絵図は古代・中世の荘園の位置や景観，境界，耕地などを絵画的に描いたもので，文字資料とは異なる情報を伝える資料として重要である。次の絵図は，1316（正和5）年に作成された，和泉国日根荘のうち日根野村（現在の大阪府泉佐野市）を描いたものを模式化したものである。

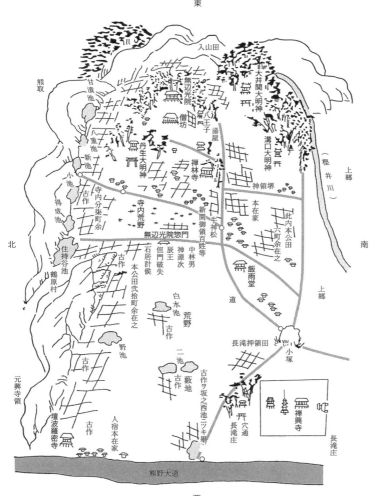

埼玉県高等学校社会科教育研究会歴史部会編
『日本史授業で使いたい教材資料』（清水書院）

　　次の会話は，この絵図を分析した郷土研究部のメンバーの発言である。そのうち，この絵図の説明として**適当でないもの**を，下の①～④のうちから一つ選べ。

Aさん：この絵図は荘園領主と地頭との間で，日根野村の下地中分を行う目的で作
　　　　成されたようだね。

Bさん：無辺光院の境内には寺院や僧坊以外にも，八王子や丹生大明神の鳥居がみ
　　　　られて，神仏習合の様子がうかがえるね。

Cさん：耕作されている田地とその面積に加え，現在はまだ耕作されていない土地
　　　　も示されているよ。

Dさん：川や多くのため池が描かれていて，村人らの信仰を集めた灌漑に関係する
　　　　と思われる神社もあるよ。

① 　Aさんの意見　　　　　　　　　　② 　Bさんの意見

③ 　Cさんの意見　　　　　　　　　　④ 　Dさんの意見

〔本書オリジナル〕

18　郷土の歴史を調べていた圭介さんは，鎌倉時代から戦国時代にかけて安芸国で勢力を有した小早川氏に関心をもった。そして，「小早川家文書」のうち次の二通（**資料Ⅰ・Ⅱ**）に注目した。この資料を読んで，下の問い（(1)・(2)）に答えよ。（資料は，一部省略したり，書き改めたりしたところもある。）

資料Ⅰ　譲与す　息男政景分所領の事

　　　　合わせて

一　安芸国都宇_(つう)・竹原両庄地頭・公文・検断 幷_(ならびに) 竹原庄惣検 校_(けんぎょう) 職の事

一　同国沼田庄内梨子羽郷_(ぬた)地頭門田伍_(五)町の事

一　讃岐国与田郷地頭・公文・案主・田所・図師・惣検校・検断職の事

一　鎌倉米町在家一宇^(注1)跡宗次入道居住跡

以上の所領等を，譲状に任せて知行すべきなり。鎌倉殿の御公事_(くじ)については，本仏^(注2)が割り当てた比率を守り，惣奉行雅平の催促に従って，怠ることなく勤仕_(ごんじ)すべきである。……五十石は政景の妹松弥が存生の間，毎年怠ることなく松弥に渡すこととする。……但し，以上の通り譲与しても，本仏が存生中にその命令に背いた場合は，悔い返すこととする。……

　　　　正嘉2（1258）年7月19日

　　　　　　　　　　　　　　　　　　　　　　　沙弥_(しゃみ)^(注3)

資料Ⅱ　譲与す　所領の事
　　　　　合わせて

安芸国都宇庄	同国竹原庄
同国梨子羽郷南方	同国吉名村
同国高屋保	同国兼武名
備前国裳懸庄	美作国打穴庄
相模国成田庄藤太作	阿波国助任郷
鎌倉米町屋地	京都四条油小路屋地

以上の所領等を，代々の御下文や譲状を副えて，息男弥四郎重宗に譲与する。将
来，たとえ重宗に数人の子が生まれても，才能ある者を選んで一人に譲与すべき
である。また，子孫に至るまで，この所領等は一人に譲与することを，申し置く
ところである。決して分配してはならない。また，後家の女子の一期領主分に干
渉してはならない。次いで相続から漏れた女子等については，十分な援助を行う
べきである。……

　　　　　　貞治2（1363）年6月29日　　　　　　　　　　　重景（花押）(注4)

（注1）　一宇：一軒。
（注2）　本仏：小早川茂平の法名。
（注3）　沙弥：出家後も在俗の生活を送る者。ここでは茂平の自称。
（注4）　花押：図案化された個人のサイン。

［参考・小早川氏略系図］　茂平┬雅平
　　　　　　　　　　　　　　　└政景─景宗─祐景─重景─重宗

(1)　**資料Ⅰ・Ⅱから読み取れる内容として誤っているもの**を，次の①～④のうちか
ら一つ選べ。

①　親が子に譲った所領を，親の意思で取り戻すこともあった。
②　惣領制の下で，庶子は惣領の統率を受けて幕府に奉公した。
③　相続の際には譲状が作成され，幕府に申請して認可を得た。
④　相続を受けるのは男子のみで，女子には相続権はなかった。

(2)　圭介さんは**資料Ⅰ・Ⅱ**を比較して，その違いを次のようにまとめた。空欄
　　　ア　　イ　　に入る語句の組合せとして正しいものを，下の①～④のうちに一
つ選べ。

　　小早川氏のうち政景の系統の所領は，本領の安芸国都宇・竹原庄を中心に，広範囲に分布していた。また，時代が下ると ア における活動が重要になったことや，相続形態が イ に変化したことなどが読み取れる。

ア

a　鎌倉　　　　　　　　　b　京都

イ

c　分割相続から単独相続　　d　単独相続から分割相続

① アー a　イー c　　　　② アー a　イー d
③ アー b　イー c　　　　④ アー b　イー d

〔2006 年度 北海道大学・改〕

19 中世，寺院の造営や修理は，大陸に貿易船を派遣し，その利益を費用に充てて行われることもあった。1976 年に韓国南西部の新安沖で発見された沈没船は，1323 年に東福寺の再建のために仕立てられた船とみられており，そこからは約 2 万点の陶磁器や大量の銅銭などが引き上げられている。

　下線部に関して述べた次の文 X・Y について，その正誤の組合せとして正しいものを，下の①〜④のうちから一つ選べ。

X　この船は，日本から中国へ向かう往路の途中で沈没した。
Y　この船は，中国の皇帝が発行した渡航許可証を所持していた。

① X　正　　Y　正　　　　② X　正　　Y　誤
③ X　誤　　Y　正　　　　④ X　誤　　Y　誤

〔2005 年度本試験 日本史 B・改〕

20 次の文章と［**参考文献**］を読んで，下の問いに答えよ。（参考文献は，一部省略したり，書き改めたりしたところもある。）

　室町幕府 4 代将軍であった足利義持が 1428 年に死去すると，人々は支配者交代の機をとらえて一揆を結び蜂起した。「正長元年ヨリサキ者，カンヘ四カンカウニ（神戸四箇郷）ヲヲメアルヘカラス（負い目）」と記す奈良市柳生の碑文（**写真**）が著名で，一揆の時代を象徴する。

写真

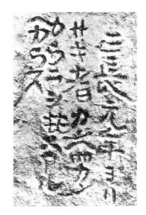

[参考文献]

　中世の辞書には，サキは「前」・「先」の文字をあて，同じ意味のものとしており，時間的意味の「サキ」は将来ではなく過去を意味する語として，古代から現在にいたるまで使用されている。いっぽう，今日においてはサキ＝時間的将来・以後というまったく逆転した意味の用法が存在しており，このサキの意味確定のためには，後者の用法がいつごろ一般的用法として定着したかの確定の作業が必要となる。この点に関して，現在の国語辞書の用例からみてみると，サキ＝以後の用例は江戸時代をさかのぼらない。

（勝俣鎭夫『中世社会の基層をさぐる』）

　下線部に関して述べた次の文 a 〜 d について，正しいものの組合せを，上の［**参考文献**］も参照しながら，下の①〜④のうちから一つ選べ。

a　「カンヘ四カンカウ」は惣村の連合組織で，徳政一揆の基盤となっていた。
b　「カンヘ四カンカウ」は国人の連合組織で，国人一揆の基盤となっていた。
c　碑文は「カンヘ四カンカウ」には，正長元年以前の「ヲキメ」（負債）が一切ないことを宣言している。
d　碑文は「カンヘ四カンカウ」には，正長元年以後は「ヲキメ」（負債）が一切ないことを宣言している。

①　a・c　　　　②　a・d　　　　③　b・c　　　　④　b・d

〔2014 年度本試験 日本史B，2018 年度 東京学芸大学・改〕

21 　**資料甲～丙**は奈良の興福寺大乗院の門跡（皇族や摂関家などの子弟が住まいする特定の寺院の住持）らが記した『大乗院寺社雑事記』の一節である。（資料は，一部省略したり，書き改めたりしたところもある。）

資料甲　文明 17（1485）年 12 月 11 日
　今日山城国人 集 会す。（上ハ六十歳，下ハ十五六歳ト云々）同じく一国中の土民^(注1)等群集す。今度両陣^(注2)の時宜^(注3)を申し定めんが為の故と云々。然るべきか，但し又下極上^(注4)の至也。

資料乙　文明 17 年 12 月 17 日
　……両陣の武家衆 各 引退き了んぬ。山城一国中の国人等申し合す故也。自今以後に於ては両畠山方は国中に入るべからず。本所 領 共各本の如くたるべし。新関^(注5)等一切これを立つべからずと云々。珍重の事^(注6)也。

資料丙　文明 18（1486）年 2 月 13 日
　今日山城国人，平等院に会合す。国中の掟法^(注7)猶以てこれを定むべしと云々。凡そ神妙。但し興成^(注8)せしめば天下のため然るべからざる事か。

（注1）　土民：農民など。	（注2）　両陣：畠山義 就 と畠山政長の軍勢。
（注3）　時宜：対応策。	（注4）　下極上：下剋上。
（注5）　新関：新たな関所。	（注6）　珍重の事：結構なこと。
（注7）　掟法：自治のための法。	（注8）　興成：勢いがつくこと。

　A班はこの**資料**を次のように分析した。空欄　**ウ**　に入る言葉は**X・Y**の二つが考えられる。**X・Y**の言葉と空欄　**エ**　に入る**理由 a ～ d** の組合せとして正しいものを，下の①～④のうちから一つ選べ。

　この**資料**の記者は，一揆勢の行動を　**ウ**　と考えられる。それは，　**エ**　からである。

　ウ

X　肯定的にみていた　　　　Y　否定的にみていた

　エ

a　守護である畠山両軍に退去を求めた国人らの行為を，下剋上の始まりとして評価している

b　本所による所領の回復を認め，新関の設置を禁じた国人らの決定を歓迎して評

価している

c　国人らが国内の掟法を定めたことを，幕府に無断で行った越権行為だと不安視
　している

d　国人らの行動がさらに勢いづいて，既存の秩序を崩壊させることを不安視して
　いる

① X－a　　　Y－c　　　　　② X－a　　　Y－d
③ X－b　　　Y－c　　　　　④ X－b　　　Y－d

〔2017年度追試験　日本史B・改〕

22　日本の歴史を見た場合，15世紀についてX・Yのような評価もある。それぞ
れの評価を根拠付ける情報をXはa・b，Yはc・dから選ぶ場合，評価と根
拠の組合せして最も適当なものを，下の①～④のうちから一つ選べ。

評価

X　この時代は「政治的に不安定な時代」である。
Y　この時代は「民衆が成長した発展の時代」である。

根拠

a　並立した二つの朝廷を支持する勢力が武力抗争し，また，その一方の内紛など
　もあって内乱は長期化した。

b　全国の大名を二分した大乱は終結したが，地方には新たな政治権力も生まれ，
　地域的な紛争は続いた。

c　村では，共同の農作業や祭礼を通して構成員同士が結び付いていたが，戦乱に
　対する自衛で内部の結合を強くしていった。

d　村では，指導者が多くの書籍を収集して人々に活用させ，儒学を中心とする高
　度な教育を進めていった。

① X－a　Y－c　　　　② X－a　Y－d
③ X－b　Y－c　　　　④ X－b　Y－d

〔第2回プレテスト　日本史B・改〕

23 日本史の課題レポートで「産業技術の発達と社会」というテーマに取り組むこ
とになった圭介さんは，鎌倉幕府が出した法令をもとにレポートを作成するこ
とにした。次の**資料**を読んで，下の問い（(1)・(2)）に答えよ。（資料は，一部省略
したり，書き改めたりしたところもある。）

資料

　　諸国の百姓，田稲を苅り取るの後，其の跡に麦を蒔く。田麦と号して，領主等
件の麦の所当（注1）を徴取すと云々。租税の法豈然るべけんや。自今以後田麦の
所当を取るべからず。宜しく農民の依怙（注2）たるべし。此の旨を存じ，備後・備
前両国の御家人等に下知せしむべきの状，仰せに依り執達件の如し（注3）。

　　　　　　文永元（1264）年4月26日　　　武蔵守判

　　　　　　　　　　　　　　　　　　　相模守判

　　　　因幡前司（注4）殿

　　　　　　　　　　　　　　　　　　　　　　　　　　　（「新編追加」）

（注1）　所当：年貢などの租税。
（注2）　依怙：自分の物。
（注3）　仰せに依り執達件の如し：（将軍の）仰せによって以上の通り通達する。
（注4）　前司：前任の国司（国守）。

（1）　次のカードは，圭介さんがレポートの下書きとして作成したものである。空欄
　　オ　～　キ　に入る語句の組合せとして正しいものを，**資料**も参考にしながら，
下の①～⑧のうちから一つ選べ。

　　資料の下線部にみられる農業経営を　オ　といい，この時代に畿内や山陽
道などで普及した。その理由として，　カ　を施すことで作物の生育が順調
になったことなどがあったと考えられる。このような状況の下で鎌倉幕府が**資
料**のような命令を下したねらいは，「田麦の所当」の徴収を禁じることで　キ
を高めることにあったと推測される。

　オ

a　二期作　　　　　　　b　二毛作

　カ

c　干鰯などの金肥　　　d　刈敷や草木灰などの肥料

| キ |

e 農民の勤労意欲　　　f 御家人の荘園経営意欲

① オーa　　カーc　　キーe　　② オーa　　カーc　　キーf
③ オーa　　カーd　　キーe　　④ オーa　　カーd　　キーf
⑤ オーb　　カーc　　キーe　　⑥ オーb　　カーc　　キーf
⑦ オーb　　カーd　　キーe　　⑧ オーb　　カーd　　キーf

(2) 圭介さんは，この**資料**にみられる幕府の命令系統を図式化してみた。その図式として正しいものを，次の①〜④のうちから一つ選べ。

①
```
┌─────────────────────────────┐
│ 因幡前司　→　武蔵守・相模守   │
│         ↓                   │
│ 備後・備前の御家人            │
└─────────────────────────────┘
```

②
```
┌─────────────────────────────┐
│ 武蔵守・相模守　→　因幡前司   │
│         ↓                   │
│ 備後・備前の御家人            │
└─────────────────────────────┘
```

③
```
┌─────────────────────┐
│     因幡前司          │
│        ↓            │
│　武蔵守・相模守       │
│        ↓            │
│ 備後・備前の御家人    │
└─────────────────────┘
```

④
```
┌─────────────────────┐
│   武蔵守・相模守      │
│        ↓            │
│     因幡前司          │
│        ↓            │
│ 備後・備前の御家人    │
└─────────────────────┘
```

〔本書オリジナル〕

第3章 **中世**

16 正解は⑥

┃ 資料をもとに，仏教の社会的役割からみた仏堂の構造や仏像配置の変遷を考察さ
┃ せる問題である。

ア．須弥壇の前に広間がある仏堂の構造は，中央のカードの「信者が一斉に集まっ
て祈る場」に合致する。「民衆を救済する仏教」からは，臨済宗・曹洞宗・浄土
宗・浄土真宗・時宗・日蓮宗などの新仏教が成立した**鎌倉時代**が想起できる。

イ．須弥壇の決まった位置に仏像が安置され，その前方に礼堂が置かれている。礼
堂は，右のカードの「仏の加護を願って，一定期間仏堂にこもる」場所にあたる。
またこうした習慣が「貴族の間に広がっていった」ことから，**加持祈禱**によって
現世利益を願う**密教**が貴族たちに支持されたり，阿弥陀堂で念仏を唱えて死後の
極楽往生を願う**浄土信仰**が流行したりした**平安時代**を想起できる。

ウ．決まった位置に仏像が安置された須弥壇を中心とする仏堂の構造は，左のカー
ドの「僧侶だけが仏堂の中で読経した」と適合している。また「国家の安定を目
的とした」から，**南都六宗**を中心に国家仏教が展開された**奈良時代**を想起できる。

よって，**ウ－イ－ア**の順となり，⑥が正解。

17 正解は①

┃ 荘園絵図から景観や文字情報を読み取り，荘園制や中世村落における生活・信仰
┃ について考察する力を問う問題である。

絵図は荘園領主であった摂関家（五摂家）の九条家から祈願所であった久米田寺
（現在の大阪府岸和田市。絵図には含まれない）に日根荘内の荒野（絵図の中央）
が寄進され，その開発のため久米田寺によって作成されたものである。

①**不適**。**下地中分**とは，荘園領主と地頭との間で起きた所領紛争の解決方法の一つ
で，鎌倉～南北朝時代に行われた。下地（田畑や山林など）を領家（荘園領主）
分と地頭分とに分割し，相互の支配権を確認し合った。下地中分に際して作成さ
れた絵図には境界線が引かれ，領家分・地頭分など中分後の領有者が明記された。
この絵図にはそれがないので誤文だと判断できる。

②**適当**。絵図の上方に無辺光院とその僧坊が，隣には八王子の鳥居がある。絵図の
中央には無辺光院惣門があり，広大な境内には禅林寺や丹生大明神も描かれ，寺
院と神社が並立しているのが読み取れる。**神仏習合**とは日本固有の神を祀る神祇
信仰と，外来の仏教信仰が融合したもので，奈良時代に始まり明治初期の神仏分

離令まで続いた。

③**適当**。絵図の中央左手の「本公田弐拾町余在之（これあり）」や各所の「古作（古くからの耕作地）」などがある一方で，その周囲には「荒野」や「寺内荒野」など未開地の表記もみられる。

④**適当**。絵図の右手に樫井川（実際の絵図に名称は表記されていない）が流れ，左手の山際には八重池や住持谷池（現在の十二谷池），中央には白水池などのため池がみられる。また，樫井川上流の大井関大明神は，田に水を引くために川を堰き止めた井堰を守護した神社であることに気づきたい。すぐ近くの溝口大明神も同様である。

CHECK　神仏習合

　神仏習合では，神社の境内に**神宮寺**が建てられたり，神前で読経したりした。弘仁・貞観文化期の薬師寺僧形八幡神像も神仏習合の一例である。

18　(1)　正解は④

■ 中世の武士の所領相続に関して，資料の読解力と考察力を問う問題である。

資料の「小早川家文書」は，鎌倉時代に相模国から安芸国に移り，中世を通じて瀬戸内海地域に勢力を有した小早川氏に伝来した文書群である。

①**正文**。資料Ⅰの最後に「本仏が存生中にその命令に背いた場合は，悔い返すこととする」とある。親から子に譲与され幕府から安堵された後でも，子の不孝を理由に親は所領を取り戻すことができた。これを**悔返し**（権）といい，御成敗式目でも武家社会の慣習として認められた。

②**正文**。資料Ⅰの7〜9行目に「鎌倉殿の御公事については…惣奉行雅平の催促に従って…勤仕すべきである」とあり，政景は兄で惣領の雅平（略系図も参照）のもとで幕府が課す公事を負担することとされた。

③**正文**。資料Ⅱの9行目に「代々の御下文や譲状を副えて…譲与する」とあり，幕府の下文（将軍家政所下文）によって譲状の内容が安堵されたことが読み取れる。

④**誤文**。資料Ⅰの9〜10行目に「五十石は政景の妹松弥が存生の間，毎年怠ることなく松弥に渡すこととする」，資料Ⅱの12〜13行目に「後家の女子の一期領主分に干渉してはならない」とある。本人一代限りではあるが，女子にも相続が行われたことが読み取れる。

(2)　正解は③

■ 資料Ⅰ・Ⅱの内容を比較し，小早川氏の活動や武士の相続形態の変化を考察させる問題である。

ア．「鎌倉米町在家（屋地）」は**資料Ⅰ・Ⅱ**ともにみえるが，「京都四条油小路屋

地」は**資料Ⅱ**のみにみえる。したがって，時代が下ると重要になった活動場所は京都だと判断できる。小早川氏は在京御家人として京都での活動が顕著であった。

イ．**資料Ⅰ**で茂平は，惣領の雅平とは別に政景に所領を譲与しており，惣領制のもとでの**分割相続**が読み取れる。一方，**資料Ⅱ**では10行目以降に「重宗に数人の子が生まれても，才能ある者を選んで一人に譲与すべきである」「子孫に至るまで，この所領等は一人に譲与することを，申し置くところである。決して分配してはならない」とあり，所領の細分化を防ぐために将来にわたる**単独相続**が規定されたことがわかる。

よって，**ア**—**b**，**イ**—**c**が正しい組合せとなり，**③**が正解。

CHECK　惣領制と武家社会の相続

中世武士団の一族結合を**惣領制**といい，惣領が庶子を統率して軍役や公事など幕府への奉公を勤めた。**分割相続**により所領の細分化が進むと，南北朝時代以降は嫡子**単独相続**へと移行し，庶子は惣領の扶持を受けて家臣化し，惣領制は解体していった。本人一代限りの譲与は**一期分**という。女子への相続などで付帯条件とされ，本人の死後は惣領らに返還された。

第3章

19　正解は④

鎌倉・室町時代の日中貿易について，知識・理解を問う問題である。

新安沈船を知らなくても，中世の日中貿易の基本がわかっていれば正解できる。

X．**誤文**。中世の日中（日宋・日元・日明）貿易の主な輸入品は**銅銭や生糸**，**絹織物**，**陶磁器**，**書籍**などであった。新安沈船は陶磁器や銅銭を満載していたのであるから，中国からの帰路で沈没したとみなければならない。なお，日本からの主な輸出品は**刀剣や硫黄**，**銅**，**蒔絵**，**扇**などであった。

Y．**誤文**。「中国の皇帝が発行した渡航許可証」とは**勘合**のことであり，勘合貿易は室町幕府3代将軍足利義満によって1404年に始まった（義満は1394年に将軍職を子義持に譲ったが，実権は義満にあった）。「1323年に…仕立てられた船」とあるので，勘合貿易開始以前のことである。

よって，**X**—**誤**，**Y**—**誤**となり，**④**が正解。

NOTE　鎌倉・南北朝期の主な貿易船

貿易船	派遣主体	派遣先	目　　的
建長寺船（1325）	鎌倉幕府	元	建長寺再建のため。
天龍寺船（1342）	足利尊氏	元	後醍醐天皇の菩提を弔う天龍寺の創建費用に充てるため。

20　　正解は①

正長の徳政一揆（土一揆）に関連して，参考文献や知識をもとに，柳生の徳政碑文の内容を読み解く力を問う問題である。

4代将軍足利義持は1423年に子義量に将軍職を譲って出家したが，義量が早世したため再び政務を執っていた。

a．**正文**。リード文から碑文が**正長の徳政一揆（土一揆）**に関係するものだと判断できる。**徳政一揆**は徳政令の発布を要求する土一揆で，**惣村**を基盤として畿内を中心に発生した。「カンヘ四カンカウ」は「神戸四箇郷」の意味で，大柳生・坂原・小柳生・邑地の4郷を指す。

b．**誤文**。国人一揆は国人と呼ばれた地域の在地領主らが，自らの領主権の確保や領主間の紛争解決のために結んだ相互契約，またはその契約に参加した集団をいう。

c．**正文**。d．**誤文**。〔参考文献〕から中世の「サキ」の意味（＝過去・以前）を読み取ることで判断できる。正長の徳政一揆では，一揆勢が京中の酒屋・土倉・寺院など金融業者を襲撃し，借用証文を破り捨て質物を強奪するなど，それまでの貸借関係を破棄する**私徳政**を行った。柳生の徳政碑文は，負債の破棄を宣言した民衆側の史料として貴重である。

よって，**a・c**が正しい組合せとなり，**①**が正解。

21　　正解は④

山城国一揆について記した資料を読み解き，資料の記者（大乗院門跡の尋尊）が一揆をどのように評価していたかを多角的に考察する力を問う問題である。

一揆の舞台となった南山城では，応仁の乱後も守護畠山氏の家督争いが続き，国人らが一揆を結んで畠山両軍の撤退を要求した。リード文の「門跡」の説明から，支配階級に属する人物による一揆評だということをふまえて解答に臨みたい。

ウにX「肯定的にみていた」が入る場合

a．**誤文**。資料甲で畠山両軍への対応策を協議した国人らの行動を「然るべき（もっともなこと）か」としながらも，「但し又下極上（下剋上）の至也」と論評している。さらに，資料丙では「但し興成せしめば天下のため然るべからざる（よくない）事か」と評しており，国人らがこれ以上に力をつけて既存の秩序を乱す存在となることを警戒する考えが読み取れる。支配階級に属する尋尊が，国人らの行動の一面を評価しても，下剋上の風潮を支持するとは考えられない。

b．**正文**。資料乙で国人らが本所領の回復を宣言し，新たな関所（中世の関所は関

銭を徴収した）の設置を禁止したことは，荘園領主でもある興福寺大乗院の利害と一致するものであり，尋尊は「珍重の事（結構なこと）也」と評している。

ウにY「否定的にみていた」が入る場合

c．**誤文。**資料丙で尋尊は国人らが掟法を定めたことを「凡そ神妙（感心なこと）」と評している。

d．**正文。** a の説明にある通りである。

よって，**X－b，Y－d**が正しい組合せとなり，**④**が正解。

CHECK　尋尊と『大乗院寺社雑事記』
　資料の『大乗院寺社雑事記』は奈良の興福寺大乗院の門跡，尋尊・政覚・経尋の三代にわたる日記（1450～1527年）で，出題部分の記者は尋尊である。『大乗院寺社雑事記』は加賀の一向一揆などの記事も載せる。また，尋尊は大乗院に伝わる日記から抄出した『大乗院日記目録』も著し，正長の徳政一揆に関する記事が有名である。

22　正解は③

■15世紀の政治・社会に関する歴史的評価とその根拠を考察する力を問う問題。

評価Xの根拠

a．**不適。**「並立した二つの朝廷を支持する勢力が武力抗争し」から**南北朝の動乱**を，「その一方の内紛」から室町幕府内に生じた**観応の擾乱**を想起する。これらは14世紀の出来事であり，時期が異なる。ちなみに足利義満によって南北朝の合一がなったのは1392年のことである。

b．**適当。**「全国の大名を二分した大乱」から**応仁・文明の乱**を，「地方には新たな政治権力も生まれ」から**戦国大名**の登場を想起する。これらは15世紀後半の出来事であり，**X**「政治的に不安定な時代」と評価する根拠としても正しい。

評価Yの根拠

c．**適当。**「共同の農作業や祭礼を通して構成員同士が結び付いて」から，**惣村**の成立を想起する。14～15世紀の畿内など先進地帯における出来事であり，**Y**「民衆が成長した発展の時代」と評価する根拠としても正しい。

d．**不適。**「儒学を中心とする高度な教育」が村でも進められるようになったのは，江戸時代後半以降のことであり，時期が異なる。

よって，**X－b，Y－c**が正しい組合せとなり，**③**が正解。

CHECK　惣村における自治
　惣村は，農業生産力の向上と小農民の成長，戦乱への自衛などを背景に，祭祀組織の宮座を中核として村民たちが団結した自治村落である。地侍や有力名主から選ばれた**乙名・沙汰人・番頭**などと呼ばれる指導者層のもとで，惣百姓全員参加による寄合が行われた。寄合では入会地や用水などに関する話し合いが行われ，**惣掟（村掟）**に従って，警察権や裁判権を行使した（**自検断・地下検断**）。また，領主への年貢納入も惣村全体で請け負った（**惣請・地下請・百姓請**）。

第3章

23　(1)　**正解は⑦**

鎌倉時代の農業生産力の向上について，資料の読解力と基本的な知識・理解を問う問題である。

オ．鎌倉時代に畿内や山陽道などで年2回別々の作物を作付けする**二毛作**が普及した。資料の下線部にも「田稲を苅り取るの後，其の跡に麦を蒔く」とあり，稲の裏作に麦を栽培したことが読み取れる。**二期作**は同じ耕地で年に2回同じ作物（主に稲）を栽培することをいう。

カ．二毛作田では地味（地力）回復のために肥料が必要であった。鎌倉時代など中世に使用された肥料は自給肥料で，刈った草葉を土中で腐敗させた**刈敷**や，草木を焼いた灰を用いた**草木灰**，家畜小屋の厩肥，人糞尿の下肥などが使用された。**金肥**は購入肥料（金銭を払って買い入れる肥料）のことで，**干鰯**や**油粕・〆粕**などがあり，江戸時代から商品作物などの栽培で即効肥料として使用された。

キ．資料は裏作の麦に「田麦と号して，領主等」が「所当を徴取す」ることを「租税の法」に反するとして禁じ，「農民の依怙（農民のもの）」とすべきであることを，「御家人等に下知」せよと命じている。したがって，幕府が高めようとねらったのは御家人の荘園経営意欲ではなく農民の勤労意欲である。

したがって，**オ−b，カ−d，キ−e**が正しい組合せとなり，**⑦**が正解。

CHECK　**中世の農業の発達とその影響**

鎌倉時代の農業では，**二毛作**や自給肥料の使用以外にも，**牛馬耕**の普及や多収穫米である**大唐米**の中国からの移入，灯油の原料である荏胡麻の栽培などがみられた。室町時代になると，水車などを利用した灌漑・排水技術が導入され，畿内では**三毛作**も始まった。また，水稲の品種改良による早稲・中稲・晩稲の作付けや，商品作物の栽培も広まった。こうした農業生産力の向上が，手工業や貨幣経済・商品流通の発展を促したことも理解しておきたい。

(2)　**正解は④**

資料を読み解き，これがどのような経路で伝達されたかを考察する問題である。

この資料は，将軍の仰せを受けた（実際には将軍の意向を形式的に奉じた）「武蔵守」と「相模守」が，その旨を「備後・備前両国の御家人等に下知」することを「因幡前司」に申し伝えたものである。したがって，幕府の命令系統は，「武蔵守・相模守」→「因幡前司」→「備後・備前の御家人」となり④が正解。

なお，将軍の意向を奉じた「武蔵守」と「相模守」がそれぞれ執権・連署のどちらかで，国内の御家人に下知する立場の「因幡前司」は備後・備前両国の守護であったことも類推できる。ちなみに，文永元（1264）年の執権は北条長時（武蔵守），連署は北条政村（相模守），備後・備前両国の守護は長井泰重（因幡前司）であった。

第 4 章　近世　まとめ

■ 近世の要点整理

❶ 織豊政権について，統一過程と主な政策を整理しておこう

①織田信長

1568	足利義昭を奉じて入京（15 代将軍）
1571	**延暦寺焼打ち**
1573	足利義昭を追放　⇨室町幕府滅亡
1576	**安土城**の築城開始（近江国）
1580	石山本願寺攻略　⇨一向一揆の終結
1582	本能寺の変 …明智光秀の謀叛

主な政策 …指出検地，楽市令，関所の撤廃，**堺の直轄化**，キリスト教保護

②豊臣秀吉

1582	山崎の戦い　⇨明智光秀滅亡
1583	**大坂城**の築城開始（石山本願寺跡）
1585	**関白就任**，四国平定
1586	太政大臣就任，豊臣姓賜る
1588	聚楽第に後陽成天皇行幸　⇨諸大名が秀吉に服属を誓う
1590	小田原攻め（北条氏滅亡），東北平定（伊達政宗ら服属）

主な政策 …太閤検地，刀狩令，人掃令，バテレン追放令，海賊取締令，朝鮮出兵

❷ 江戸幕府の政治について，流れを理解しておこう

将軍	中心人物	政治・事件ほか	海外の動向
		関ヶ原の戦い（1600）	東インド会社設立（1600 英，1602 蘭）
家康		幕府機構の整備	西欧諸国が重商主義政策を展開
		…**身分と法の秩序にもとづく支配の確立**	
		糸割符制度（1604）	
		薩摩藩の琉球王国侵攻（1609）	
秀忠		大坂の役（1614〜15）	
		武家諸法度，**禁中並公家諸法度**（1615）	後金（のちの清）建国（1616）
			三十年戦争（1618〜48）
		紫衣事件（1627〜29）	⇨ウェストファリア条約
家光		鎖国令（1633〜39），オランダ商館の出島移転（1641）	西欧で主権国家体制確立
		田畑永代売買の禁止令（1643），田畑勝手作りの禁	明滅亡，清の北京への遷都（1644）

家綱	保科正之	**文治政治への転換** …忠孝・儀礼を重んじ秩序の安定を図る 慶安の変（1651 由井正雪の乱とも） 末期養子の禁緩和，殉死の禁止 シャクシャインの戦い（1669）	ルイ14世親政開始（1661 仏王権神授説による絶対王政）
綱吉	柳沢吉保	**元禄時代** 湯島聖堂建立・林信篤を大学頭に任命，生類憐みの令 元禄金銀鋳造（1695）	名誉革命（1688〜89 英） ⇨権利の章典
家宣	新井白石	**正徳の治** …将軍権威の復活・強化を図る 閑院宮家創設，朝鮮通信使接待の簡素化 正徳金銀鋳造（1714），海舶互市新例（1715）	西欧諸国に啓蒙思想広まる
家継			
吉宗		**享保の改革** …財政再建と国家制度の充実を図る 財政・政治　相対済し令，上げ米（1722〜31），年貢増徴（定免法採用），足高の制，公事方御定書 社会　町火消，漢訳洋書輸入の禁の緩和，目安箱，小石川養生所，堂島米市場の公認 享保の飢饉	
家重			
家治	田沼意次	**田沼政治** …商業資本を利用し財政難の克服を図る 経済　株仲間奨励，専売制，南鐐二朱銀鋳造，印旛沼・手賀沼干拓（失敗）長崎貿易拡大（銅・俵物輸出），蝦夷地開発計画（最上徳内ら） 天明の飢饉　⇨天明の打ちこわし	ルソー『社会契約論』（1762 人民主権） イギリスで産業革命開始 アメリカ独立戦争（1775〜83） ⇨アメリカ独立宣言（1776）
家斉	松平定信	**寛政の改革** …農村復興と都市の治安対策を図る 社会　囲米，旧里帰農令，石川島人足寄場，七分積金 経済・文化　棄捐令（1789），寛政異学の禁（1790） ラクスマン来航（1792）	フランス革命，人権宣言（1789）
		文化・文政時代 …関東の治安強化，鎖国体制の動揺 政治　関東取締出役（1805） レザノフ来航（1804），幕府による全蝦夷地の直轄化（1807〜21），樺太探検	白蓮教徒の乱（1796〜1804） ナポレオン帝政（1804〜14・15） 欧州各国で国民意識高揚

		（間宮林蔵ら），フェートン号事件（1808）	ウィーン会議（1814〜15） ⇨ウィーン体制 　ラテンアメリカ諸国の独立
家慶	水野忠邦	異国船打払令（1825） 天保の飢饉　⇨大塩の乱（1837） モリソン号事件（1837） ⇨蛮社の獄（1839）	モンロー宣言（1823 米 孤立主義外交） アヘン戦争（1840〜42） ⇨南京条約（香港割譲など）
		天保の改革 …内憂外患への対応 株仲間解散（1841），天保の薪水給与令（1842）	
	阿部正弘	人返しの法，上知令（1843） ペリー来航，プチャーチン来航（1853）	ロンドン万国博覧会（1851） 太平天国の乱（1851〜64） クリミア戦争（1853〜56）
家定		開　国 日米和親条約（1854），台場建設，海軍伝習所，蕃書調所	
	井伊直弼	日米修好通商条約（1858） 安政の大獄（一橋派・尊攘派弾圧） 桜田門外の変，万延貨幣改鋳（1860）	アロー戦争（1856〜60） ⇨天津条約，北京条約 ⇨ロシアが沿海州獲得
家茂	安藤信正	和宮降嫁（公武合体） 文久の改革（1862 島津久光が要求） 長州征討（1864・66）	イタリア王国成立（1861） 南北戦争（1861〜65）
慶喜		幕府滅亡 大政奉還，王政復古の大号令（1867）	
			大陸横断鉄道開通，スエズ運河開通（1869） ドイツ帝国成立（1871）

3　鎖国体制下の外交と貿易を理解しよう　…<u>キリスト教禁教・貿易統制が目的</u>

①国交はなく，貿易のみを行う（**長崎貿易**）

　オランダ　…長崎出島にオランダ商館，商館長の江戸参府・**オランダ風説書**提出

　中　国　…1644 年明滅亡後は清の商船が来航，**唐人屋敷**の設置（1688 年）

②国交と貿易の両方を行う

　朝　鮮　…国交回復（1607 年），**己酉約条**（1609 年 宗氏と朝鮮との貿易規定）
　　　　　釜山の**倭館**で貿易，**通信使**の来日

　琉　球　…島津氏に服属（1609 年），中国との朝貢貿易も継続
　　　　　慶賀使（将軍の代替わりを奉祝）・**謝恩使**（国王の即位を感謝）の江戸への派遣

③その他

　蝦夷地　…松前氏がアイヌとの交易を独占（**商場知行制**から**場所請負制**へ）

4 江戸時代の**経済発展**について，知識を整理しておこう

農　業：新田開発，農具・肥料（**金肥**の使用）の発達，農書の普及
　　　　商品作物栽培（各藩で奨励，四木・三草など）

工　業：**問屋制家内工業**（18C）・**工場制手工業**（19C マニュファクチュア，大坂
　　　　周辺や尾張の綿織物業・桐生や足利の絹織物業）の発達

商　業：**株仲間の公認**（江戸の**十組問屋**・大坂の**二十四組問屋**など）
　　　　蔵元（蔵物の売却）・**掛屋**（蔵物の売却代金の出納）
　　　　札差（旗本・御家人の蔵米の換金）

金　融：**三貨制度**…金貨（計数貨幣）・銀貨（秤量貨幣，のち計数貨幣［南鐐二朱
　　　　銀］も）・銭貨（寛永通宝）
　　　　両替商の活躍

交　通：**五街道**（東海道・中山道など）・**脇街道**（伊勢街道など）
　　　　宿駅（**問屋場**・本陣・旅籠），関所（**入鉄砲に出女**），一里塚
　　　　海運の発達（**東廻り航路**・**西廻り航路**の整備，南海路で**菱垣廻船**・**樽廻船**
　　　　活躍）

通　信：伝馬・飛脚制度

5 江戸時代の**文化**について，学問・思想・教育を中心に整理しておこう

寛永文化	…**桃山文化**を継承，皇室・大名・京都の豪商による洗練された文化 朱子学（京学）　藤原惺窩，**林羅山**
元禄文化	…**上方中心**，武士や新興町人による現世的傾向の文化 朱子学（南学）　山崎闇斎（**垂加神道**の創設），野中兼山 陽明学　中江藤樹（**藤樹書院**），熊沢蕃山（『大学或問』） 古学　山鹿素行（**聖学**），伊藤仁斎（堀川学派，**古義堂**） 　　　荻生徂徠（**古文辞学派**，『政談』），太宰春台（『経済録』） 自然科学　貝原益軒（**本草学**，『大和本草』），宮崎安貞（『農業全書』） 　　　　　吉田光由（『塵劫記』），**関孝和**（『発微算法』） 　　　　　渋川春海（**貞享暦**）
宝暦・天明文化	…**江戸中心**，学問・思想の新展開，江戸っ子の誕生 洋学　前野良沢・杉田玄白（『解体新書』），**大槻玄沢**（『蘭学階梯』） 　　　稲村三伯（『ハルマ和解』），平賀源内（**エレキテル**の製作） 国学　荷田春満，賀茂真淵（『国意考』），**本居宣長**（『古事記伝』） 思想　竹内式部（尊王論，**宝暦事件**） 　　　山県大弐（尊王論，**明和事件**） 　　　石田梅岩（町人道徳，**心学**），安藤昌益（『自然真営道』） 教育　懐徳堂（大坂町人の出資，**富永仲基**・**山片蟠桃**ら輩出） 　　　芝蘭堂（江戸，大槻玄沢） 　　　各藩による藩校・郷学，民間による寺子屋の普及

	…町人文化の最盛期，政治や社会への批判・改革志向	
化政文化	**洋学**	志筑忠雄（『暦象新書』）
		高野長英（『戊戌夢物語』），渡辺崋山（『慎機論』）　⇨蛮社の獄
	国学	平田篤胤（復古神道の確立）
	思想	藤田幽谷・会沢安（尊王攘夷論，後期水戸学）
		海保青陵（藩営商業論），本多利明（開国と貿易を説く，『経世秘策』）
		佐藤信淵（貿易と産業国営化を説く，『経済要録』）
	教育	適塾（大坂，緒方洪庵），鳴滝塾（長崎，シーボルト）

近世の対策

▶　幕藩体制のしくみについて，鎌倉・室町幕府との相違に留意しながら特徴を理解しよう。江戸幕府が武家・朝廷・寺社・農民・町人をどのように統制したのか，機構や法令についての基本知識を身につけよう。特に，石高制を基準とした大名知行制と村請制による農村支配は重要である。

▶　16世紀から17世紀初頭にかけての南蛮貿易・朱印船貿易などの活発な貿易の展開，そしてキリスト教禁教と貿易の統制が強化されていく過程の中で形成された「鎖国体制」の実際の内容について正しく理解しておこう。さらに，18世紀後半以降，欧米諸国のアジア進出にともなって鎖国体制がどのように動揺し崩壊していったのか，その過程についても整理しておこう。

▶　江戸幕府の政治に関しては，文治政治・三大改革・幕末の政局などが重要である。それぞれの時期にどのような政策が進められたのか，政策の内容・目的・結果と，なぜその政策が進められたのか，社会的な背景・要因などにも留意しておこう。

▶　従来のセンター試験では，江戸時代の経済・社会史の出題が多い傾向にあった。この傾向は，今後の共通テストでもある程度踏襲されるだろう。経済発展・農村の変化と百姓一揆・庶民の生活文化など様々なテーマに関して，絵画などの視覚資料や史料を用いた問題などにも対応できるよう，基本事項の理解を怠らないようにしたい。

▶　江戸時代の文化については，寛永文化，元禄文化，宝暦・天明文化，化政文化について，それぞれの文化の担い手や特徴をふまえて作品への理解を深めておきたい。文学や美術だけでなく，学問・思想・教育についても対策を怠らないようにしておきたい。

第4章　近世

24 　江戸城に登城した大名は，本丸御殿の玄関を入ると，定められた部屋で待機した。この待機する部屋を殿席という。次の図は，江戸城本丸御殿の模式図と，殿席の説明である。この図に関して述べた次の文 **X**・**Y** について，その正誤の組合せとして正しいものを，下の①〜④のうちから一つ選べ。

図　江戸城本丸御殿の模式図

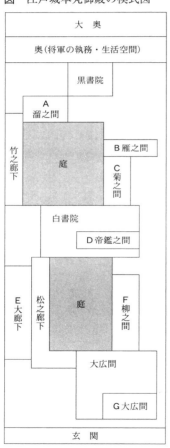

＜殿席の説明＞

A 溜之間
　家門大名（主に松平を名乗る）と譜代大名に与えられた最高の殿席。会津藩松平家，彦根藩井伊家など。

B 雁之間・C 菊之間
　主に幕府が開かれてから取り立てられた譜代大名の殿席。

D 帝鑑之間
　主に幕府が開かれる以前から仕えている古来からの譜代大名の殿席。

E 大廊下
　将軍家ゆかりの大名に与えられた特別待遇の殿席。三家（御三家）など。

F 柳之間
　位階が五位の外様大名の殿席。

G 大広間
　位階が四位以上の家門大名と外様大名の殿席。

（深井雅海『江戸城』を基に作成）

（注）　空白部分には部屋などがあるが省略している。

X　大名の殿席は，外様大名よりも譜代大名のほうが，奥に近い場所を与えられていた。

Y　日米修好通商条約調印のときに大老をつとめた人物の家と，徳川斉昭の家とは，同じ殿席だった。

① X　正　　　Y　正　　　　② X　正　　　Y　誤
③ X　誤　　　Y　正　　　　④ X　誤　　　Y　誤

〔2021 年度本試験第 1 日程　日本史Ｂ〕

25 新聞部の史世さんは，江戸時代に林家が編纂した『華夷変態』の以下の部分をもとに特集ページを作成することになった。**資料**を読んで，下の問い（(1)・(2)）に答えよ。（資料は，一部省略したり，書き改めたりしたところもある。）

資料

隆武二年は，正保三（1646）年に当る，其年の八月十三日，隆武帝(注1)の使者黄徴 明渡海，日本へ加勢を乞ふ，鄭芝竜(注2)が書簡数通あり，日本の正京皇帝(注3)へ二通，上将軍(注4)へ三通，長崎王(注5)へ三通，各進物あり，然るに徴明海上にて韃靼人(注6)に抑へられ，来朝する事あたはず，故に小船に己れが使者を載せ，芝竜が書簡幷に進物に徴明も亦書簡を添て長崎へ到来す，同年十月長崎より江戸へ注進す，老中其 趣 を言上す，先考(注7)御前に於て読進す，数日評議あり，……

（注1）　隆武帝：唐王。南明（明朝の滅亡後，明の王室の一族が 1645〜62 年の間に南方各地に建てた王朝の総称）の 2 代皇帝。
（注2）　鄭芝竜：明末の貿易商。明の武将となり，明滅亡後は唐王のもと清に抵抗したが，1646 年清に投降した。平戸の田川氏の娘との間に生まれた子が鄭成功である。
（注3）　正京皇帝：江戸幕府将軍。　　（注4）　上将軍：老中。
（注5）　長崎王：長崎奉行。　　　　　（注6）　韃靼人：ここでは清朝人のこと。
（注7）　先考：林鵞峰の父羅山。

⑴　史世さんは，**資料**をもとにした特集ページについて，次のような紙面レイアウトを構想した。特集ページの**タイトル**と**サブタイトル**の組合せとして最も適当なものを，下の①〜④のうちから一つ選べ。

タイトル

Ⅰ　窮地に立つ清，日本に援軍要請

Ⅱ　窮地に立つ明，日本に援軍要請

サブタイトル

x　対応を迫られる幕府

y　直ちに出兵準備

①　Ⅰ—x　　　②　Ⅰ—y

③　Ⅱ—x　　　④　Ⅱ—y

⑵　**コラム欄**では，下線部の鄭芝竜の子息である鄭成功と日本の伝統文化との関連について取り上げることにした。空欄　A　　B　　C　に入る語句の組合せとして正しいものを，次の①〜⑥のうちから一つ選べ。

①　A　『国性（姓）爺合戦』　　B　近松門左衛門　　C　浮世草子

②　A　『国性（姓）爺合戦』　　B　井原西鶴　　　C　人形浄瑠璃

③　A　『国性（姓）爺合戦』　　B　近松門左衛門　　C　人形浄瑠璃

④　A　『心中天網島』　　　B　井原西鶴　　　C　人形浄瑠璃

⑤　A　『心中天網島』　　　B　近松門左衛門　　C　浮世草子

⑥　A　『心中天網島』　　　B　井原西鶴　　　C　浮世草子

〔本書オリジナル〕

26 グラフは，江戸時代のある農村における年齢別・男女別の死亡率を示したものである。グラフから読み取れる**内容**とその**理由**の組合せとして正しいものを，下の①〜⑥のうちから一つ選べ。

グラフ　年齢別・男女別の死亡率（信濃国湯舟沢村）

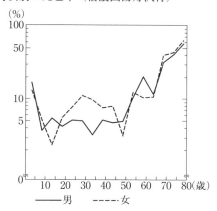

（鬼頭宏「木曽湯舟沢村の人口統計：1675-1796年」より作成）

（注）　湯舟沢村の規模は戸数64戸，人口525人（1751年）で，グラフは1741〜96年のデータである。

内容

X　男女ともに10歳よりも5歳以下の方が死亡率が高い。

Y　10代後半から40代前半では，男性よりも女性の死亡率が高い。

Z　男女ともに最も死亡率が低いのは30代である。

理由

a　江戸時代は妻問婚が一般的で，子育てが軽視されたため，乳児死亡率が高かった。

b　江戸時代の農村では，農作業は女性の仕事であったため，女性の負担が重かった。

c　江戸時代には，女性の出産にともなう危険性が高かった。

① X－a　　　② X－b　　　③ Y－b　　　④ Y－c

⑤ Z－a　　　⑥ Z－c

〔本書オリジナル〕

第4章

27 江戸時代の都市と農村に関する次の文章や**資料Ⅰ・Ⅱ**を読み，下の問い（(1)・(2)）に答えよ。（資料は，一部省略したり，書き改めたりしたところもある。）

> 18世紀以降になると，日本列島上の社会はより多様な展開をみせ，商品経済の発展は繁栄と荒廃の両方をもたらした。たとえば，松平定信は，当時の町方・在方（村方）間の問題を指摘して，**資料Ⅰ**のように述べている。商品経済のさらなる発展は，為政者に新たな政治課題を認識させることとなった。

資料Ⅰ

すでに町かた人別の改（あらため）てふものも，只名（ただな）のみに成りければ，いかなるものにても町にすみがたきものはなく，（中略）実に放蕩無頼（ほうとうぶらい）の徒すみよき世界とは成りたりけり。さるによりて在かた人別多く減じて，いま関東のちかき村々，[　ア　]多く出来（いでき）たり。やうやう村には名主ひとりのこり，その外はみな[　イ　]へ出ぬ（後略）　　　　　　　　　　　　　　（『宇下人言』）

資料Ⅱ　本百姓の階層分化（河内国下小坂村）

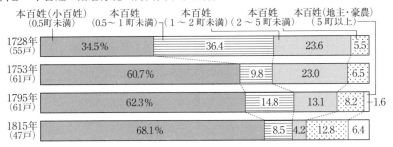

（竹安繁治『近世畿内農業の構造』により作成）

(1)　**資料Ⅰ**の空欄[　ア　][　イ　]に入る語句と，それに対して松平定信が行った**政策ウ**の組合せとして正しいものを，次の①〜④のうちから一つ選べ。

① ア　入会地　　イ　江戸　　ウ　旧里帰農令
② ア　入会地　　イ　大坂　　ウ　棄捐令
③ ア　荒地　　　イ　江戸　　ウ　旧里帰農令
④ ア　荒地　　　イ　大坂　　ウ　棄捐令

(2)　**資料Ⅰ・Ⅱ**を参考にしながら，近世後期の各地域の状況について述べた文a〜dについて，正しいものの組合せを，下の①〜④のうちから一つ選べ。

a　18世紀後半以降，商品経済の浸透にともない，豪農層が増加する一方，零細な農民層が増加して村内の貧富差が拡大し，村方騒動が頻発した。

b　18世紀後半以降，商品経済の浸透により，土地を手放し農村を離れた農民たちが商人化し，株仲間による流通独占に反対する訴願を起こした。

c　19世紀前半，村内で経済的に成長した豪農層が村役人を務め，村人の代表として領主に直訴を行い，村の要求を通そうとする百姓一揆が多くみられた。

d　19世紀前半，関東では，無宿者や博徒を取り締まり，治安維持を図るため，関東取締出役が置かれた。

① a・c　　　② a・d　　　③ b・c　　　④ b・d

〔2011年度追試験 日本史Ｂ・改〕

28　江戸時代の社会・経済についてグループごとにテーマを決め，調べたことを発表することになった。佑さんと秀樹さんのグループは，「貨幣政策の変遷」をテーマに考察を行うことにした。次の問い（(1)・(2)）に答えよ。

第４章

(1)　佑さんは，江戸時代に流通した小判の性質の変化とその背景を把握するために，次の表を分析することにした。この表を参考にしながら，江戸時代の貨幣政策について述べた文として正しいものを，下の①～④のうちから一つ選べ。

小判の重量と成分比

種　類	鋳造年	1枚あたりの重量（匁）(注1)	金の成分比(注2)（％）
慶長小判	1600	4.76	84.29
元禄小判	1695	4.76	57.37
宝永小判	1710	2.50	84.29
正徳小判	1714	4.76	84.29
享保小判	1716	4.76	86.79
元文小判	1736	3.50	65.71
文政小判	1819	3.50	56.41
天保小判	1837	3.00	56.77
安政小判	1859	2.40	56.77
万延小判	1860	0.88	56.77

（国立歴史民俗博物館編『お金の不思議　貨幣の歴史学』により作成）

（注1）　1匁：3.75グラム。　　（注2）　成分比は，幕府が公定した品位による。

① 勘定吟味役の荻原重秀が行った貨幣改鋳の時に，金の成分比が最も低い小判が鋳造された。

② 宝永小判は，金の成分比を上げたが，小型にしたことで一両あたりの金の含有量は慶長小判のおよそ半分となった。

③ 新井白石は，慶長小判と同質の小判を鋳造することで，幕府財政の増収を図ろうとした。

④ 開港後の幕府は，金の成分比を下げずに，小判1枚あたりの重量を軽くすることで小判の価値を高めようとした。

〔2013年度本試験 日本史B・改〕

(2)　秀樹さんは，幕府の貨幣政策の重要な転換点を考察する中で，右の写真の貨幣発行に着目した。この貨幣について述べた文a～dについて，正しいものの組合せを，下の①～④のうちから一つ選べ。

（貨幣に書かれている文字）

a　この貨幣は，銀貨の通貨単位である2朱に相当する秤量銀貨で，銀を中心とする貨幣制度への一本化をめざすものであった。

b　この貨幣は，金貨の通貨単位である2朱に相当する計数銀貨で，金を中心とする貨幣制度への一本化をめざすものであった。

c　この貨幣4枚で，金8分となるので小判1両に相当する。

d　この貨幣8枚で，金4分となるので小判1両に相当する。

① a・b　　　② a・c　　　③ c・d　　　④ b・d

〔本書オリジナル〕

29 近世の村と文書に関する次の**資料A・B**について述べた文 a 〜 d について，正しいものの組合せを，下の①〜④のうちから一つ選べ。

資料A　幕府が代官に示した法令

年貢等勘定以下，代官・庄屋に百姓立ち会い相極むべく候（決めるべきである），毎年その帳面に相違これ無しとの判 形 致し（印を押す）おかせ申すべし，何事によらず庄屋より百姓共に非分申しかけざる様に（不正な言いがかりを付けないように）堅く申し渡すべき事

（『御触書寛保集成』）

資料B　信濃国五郎兵衛新田村の百姓が名主を訴えた訴状

村方入用帳（村の会計帳簿）と申すもの天保年中よりこれ無し，百姓代に筆算致させず，すべて自分日記へ付け込み，……（名主以外の村）役人に一切相わからざる様取り計らいの事

（『柳沢信哉家文書』）

a　**資料A**では，年貢等の勘定に際し，百姓が不正な言いがかりを付けないよう，書類に印を押させることが定められている。

b　**資料A**では，村で庄屋が年貢等の勘定を行う際には，百姓にも関係書類を見せて公正に行うべきことが定められている。

c　**資料B**から，全村民が各自の日記に村の諸費用を記録し，名主を監視した例があることが分かる。

d　**資料B**から，村で名主が諸費用の勘定を一人で行ったために，名主が訴えられた例があることが分かる。

①　a・c 　　　②　a・d 　　　③　b・c 　　　④　b・d

〔第2回プレテスト　日本史B〕

第4章

30 　史夫さんは，夏休みのレポートのテーマとして江戸時代後期の文化について調べることにした。天保期（1830〜44年）の浮世絵（**図A**）の中で女性が着ている着物の模様に着目し，その模様が流行する発端となったと考えられる書物（**図B**）を見つけた。以下はそのレポートの概略である。文章を読み，下の問い（(1)・(2)）に答えよ。

　この書物を著した人物は古河藩主の土井利位であるが，家臣で蘭学に造詣が深かった　**エ**　に手ほどきを受けたものと思われる。　**エ**　は蛮社の獄で罰せられた人物が描いた肖像画で知られる人物である。この書物で紹介されている図は，ヨーロッパから輸入した　**オ**　のような道具を使って観察を繰り返した結果，描くことができたものと推察できる。

図A

図B

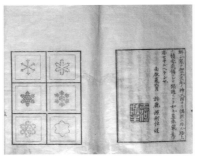

図A・B：古河歴史博物館所蔵

(1)　文中の空欄[　エ　]　[　オ　]のそれぞれに関係するⅠ〜Ⅳの絵または写真の組合せとして正しいものを，下の①〜④のうちから一つ選べ。

[　エ　]

Ⅰ　　　　　　　　　　　Ⅱ

[　オ　]

Ⅲ　　　　　　　　　　Ⅳ

Ⅲ：古河歴史博物館寄託（ユニオン光学株式
　　会社所蔵）
Ⅳ：上田市立博物館蔵

①　エ−Ⅰ　　　オ−Ⅲ　　　　②　エ−Ⅰ　　　オ−Ⅳ
③　エ−Ⅱ　　　オ−Ⅲ　　　　④　エ−Ⅱ　　　オ−Ⅳ

(2)　文中の空欄[　エ　]の人物は，土井利位が大坂城代としてある重大な事件の処理にあたった際，主君を補佐してその出世に貢献した。その事件の説明として正しいものを，次の①〜④のうちから一つ選べ。

①　大坂城が大軍により包囲されたが，交渉の末和睦が結ばれた。
②　貧民の窮状を見かねた大坂町奉行所の元与力が反乱を起こした。
③　平田篤胤門下の国学者が，救民のため代官所を襲撃した。
④　大坂城の内堀につくられた桜田門付近で大老が暗殺された。

〔本書オリジナル〕

31 右の図は，横浜港での交易の様子を描いたものである。この図の中で，水夫たちが船に積み込んでいるのは，開港当時，日本の貿易品で最も多く輸出された商品と考えられる。それを製造するにあたって必要な**作物Ⅰ～Ⅲ**と**道具a～c**の組合せとして正しいものを，下の①～⑥のうちから一つ選べ。

作物

Ⅰ　楮　　　　　　　　Ⅱ　桑　　　　　　　　Ⅲ　茶

道具

a　　　　　　　　　　b　　　　　　　　　　c

①　Ⅰ－a　　　　　②　Ⅰ－b　　　　　③　Ⅱ－b

④　Ⅱ－c　　　　　⑤　Ⅲ－a　　　　　⑥　Ⅲ－c

〔本書オリジナル〕

第4章　近世

24　正解は②

江戸城本丸御殿の模式図と説明から，大名の殿席に関して考察させる問題である。

X．正文。〈殿席の説明〉によれば，譜代大名に与えられた殿席はAの溜之間，Bの雁之間，Cの菊之間，Dの帝鑑之間で，外様大名に与えられたFの柳之間，Gの大広間よりも奥に近い場所であった。

Y．誤文。「同じ殿席だった」が誤り。**日米修好通商条約**を調印したのは彦根藩主から大老に就任した**井伊直弼**で，〈殿席の説明〉にある通りAの溜之間が与えられた。**徳川斉昭**は御三家の一つ水戸藩主なので，殿席はEの大廊下（部屋の名であり，一般にいう廊下ではない）である。

よって，**X－正，Y－誤**となり，②が正解。

25　(1)　正解は③

資料を読み取り，近世初期に起きた明清交替と日本の対応に関する適切な表現を選ぶ問題である。

資料は江戸時代初期の朱子学者林羅山の子**鵞峰**と孫の**鳳岡**が二代にわたり編纂した『**華夷変態**』の一部である。中国事情についての幕府への上書である唐船風説書が年代順に編まれている。**華夷変態**とは，中華であった漢民族の明が滅び，蛮夷である女真族の清にかわってしまったという意味で，明清交替といわれる17世紀中頃の動乱を指している。

この部分では，1646年に，明の亡命政権である南明の隆武帝の名で，日本に「加勢を乞ふ」書状が到来したことが述べられている。したがってタイトルは**Ⅱ**がふさわしい。後半では，その援軍要請の件が長崎から江戸に報告され，幕府内で評議に及んだとあり，サブタイトルは**x**が妥当である。幕府は評議の結果，援軍派遣はしないことを決め，長崎奉行を通じ使者黄徴明にその旨が伝えられた。

よって，**Ⅱ－x**が正しい組合せとなり，③が正解。

(2)　正解は③

資料との関連から，江戸時代の文化に関する知識を問う問題である。

A・B．鄭成功（国姓爺）の活躍を題材にした作品は『**国性（姓）爺合戦**』で，作者は**近松門左衛門**である。日本人を母にもち，明朝復興運動をともに率いた父鄭芝竜が清に降伏した後も，台湾を拠点に抵抗を続けた鄭成功が主人公であったた

め，空前の人気となり，のちに歌舞伎の演目にもなった。『心中天網島』も近松の作品で，紙屋治兵衛と曾根崎新地の遊女小春の心中事件を脚色したもの。近松世話物の最高傑作とされる。なお，井原西鶴は浮世草子と呼ばれる文学を創始した作家で，好色物の『好色一代男』『好色五人女』，武家物の『武道伝来記』『武家義理物語』，町人物の『日本永代蔵』『世間胸算用』などの作品で知られている。

C．『国性（姓）爺合戦』は人形浄瑠璃の時代物の演目として，1715年に大坂の竹本座で初演された。

26　正解は④

グラフを読み取り，江戸時代の農村における年齢別・男女別の死亡率の特徴とその要因について考察する力を問う問題である。

内容

X．正文。10歳までの死亡率を見ると，男女とも5歳以下の死亡率が最も高く，その後低下している。

Y．正文。10代半ばから急速に女性の死亡率が高くなり，40代半ばまで，明らかに男性の死亡率を上回っている。

Z．誤文。女性の死亡率が最も低いのは10代前半である。

理由

a．誤文。妻問婚とは，妻の家に夫が通う婚姻の形式で，昼間は夫婦別居である。主に平安時代前期までにみられた。

b．誤文。農村での仕事には，田植えや脱穀，機織りが女性，力仕事は男性といった分業がみられるが，基本は男女共働きであった。

c．正文。江戸時代は多産多死の時代で，出産年齢が若く，出産回数が現代よりもはるかに多かったことに加え，適切な医療や母体保護思想の欠如，また堕胎の習慣などにより，妊産婦は命を失う危機にさらされていた。

よって，内容Xに対応する理由はなく，内容Yに対応する理由はcであるので，Y－cが正しい組合せとなり，④が正解。

27　(1)　正解は③

資料を読み取り，18世紀後半の都市と農村の状況を考察する力を問う問題。

資料Ⅰの『宇下人言』は松平定信の自叙伝で，寛政の改革を推進した定信の知見を探ることができる。書名は「定」「信」の字を「宇下」「人言」に分解したもの。

ア．「在かた人別多く減じて」つまり人口減により，関東周辺の農村で荒廃が進むことが推測できるので，荒地が正しい。入会地とは，村で共同利用する山林・原

野で，草・薪炭・用材などを採取する場所のことである。

イ． 関東周辺の村々から，土地を失い没落した貧農が大量に流入した江戸が当てはまる。

ウ． 松平定信が寛政の改革の一環として実施した旧里帰農令が正しい。幕府は江戸の下層民に資金を与えて帰村・帰農を奨励するとともに，他国への出稼ぎを制限したが，ほとんど効果はなかった。**棄捐令**は旗本・御家人救済のため，札差からの借金の帳消しや低利年賦返済などを命じた法令。

(2)　**正解は②**

資料・グラフを読み取り，農村における階層分化の実情を考察する力と農民の闘争形態に関する知識を問う問題である。

a．**正文。資料Ⅱ**のグラフより，18世紀後半以降，地主・豪農の割合が徐々に増加している。地主・豪農らは，土地を担保に小百姓に資金を貸し付け，土地を集積して成長した。また，**村方騒動**とは村役人層（地主・豪農）の不正に対する小前百姓（一般村民）の村内での追及運動のことで，江戸時代後期に多くみられる。

b．**誤文。資料Ⅱ**のグラフによれば，18世紀半ばから小百姓の割合が大きく増加している。土地を手放した小百姓は小作人に転じるか，都市に流入して年季奉公や日用稼ぎを行った。「商人化」は考えにくい。後半は国訴と呼ばれる合法的な訴願運動のことであるが，担い手は農村を離れた没落農民ではなく，在郷商人とも呼ばれ，村内では村役人を務めるような豪農層である。

c．**誤文。**これは**代表越訴型一揆**といい，17世紀後半から18世紀にみられた一揆の形式で，村役人などの有力な百姓が，村人たちの代表として村全体の要求を領主に直訴したもの。義民として伝説化した代表者に，下総の佐倉惣五郎がいる。

d．**正文。関東取締出役**は，1805年に勘定奉行の直属下に設置された。「八州廻り」ともいい，関東地方8カ国における無宿者・博徒などの横行を幕領・私領の別なく取り締まり，治安維持を強化した。

よって，a・dが正しい組合せとなり，②が正解。

28　(1)　**正解は②**

表を読み取り，江戸時代の貨幣政策の変遷についての理解を問う問題である。

①**誤文。** 5代将軍徳川綱吉政権下で勘定吟味役を務めた荻原重秀の進言で鋳造されたのは，**元禄小判**である。表を見ると，元禄小判で金の成分比が下がっているが，文政小判以降の方がより低い。元禄の貨幣改鋳は，金の成分比を下げることで差益を得るとともに，貨幣不足に対処するための策であったが，結果的に貨幣価値の下落が物価騰貴をもたらし，社会の混乱を招いた。

第4章

②正文。表より，宝永小判（勘定奉行になった荻原重秀による）では金の成分比が慶長小判と同じ84.29％に上げられているが，1枚あたりの重量は半分強であるため，金の含有量はおよそ半分である。正徳小判が発行されると，宝永小判は一両の半分である二分判扱いとなったが，のちには小型で便利であったため，重宝された。

③誤文。新井白石は，金の含有量を慶長小判と同じにした**正徳小判**を発行したが，その目的は，物価騰貴を抑え，幕府の威信を高めるためである。また，小判の質を上げるわけであるから，差益による幕府財政の増収にはつながらない。

④誤文。幕末の開港後，金銀比価が海外では1：15，日本では1：5と日本の方が銀高であったため，大量の金貨が流出した。その事態に対処するため，鋳造されたのが**万延小判**である。幕府は小判を小型化して金の含有量を下げ，金の海外流出を防ごうとした。この万延の貨幣改鋳により，小判の実質価値が下がり，物価上昇に拍車がかかった。

(2)　**正解は**④

田沼政権による南鐐二朱銀発行のねらいとその意義について，江戸時代の貨幣制度の知識をふまえて考察させる問題である。

a．誤文。b．正文。写真の**南鐐二朱銀**は，金貨の2朱に相当する**計数貨幣**（一定の価格が表示され，個数や額面で通用する貨幣）として発行された銀貨である。幕府鋳造の銀貨は，丁銀・豆板銀といった，**秤量貨幣**（価値を決めるため重さを測る必要のある貨幣）が主体であった。田沼政権による南鐐二朱銀発行の意義は，通貨需要を満たすとともに，金貨の単位を基準とした計数貨幣の普及により，通貨単位が金貨に一本化していったことである。田沼政権崩壊後も，金貨単位の計数銀貨が流通貨幣の主役となっていった。

c．誤文。d．正文。両・分・朱は，**金貨**の通貨単位。金貨は4朱で1分，4分で1両なので1両は16朱である。南鐐二朱銀の表面には「以南鐐八片換小判一両」と刻まれており，二朱銀8枚（＝16朱）で1両，すなわち4分に相当する。なお，南鐐とは純度が高い良質の銀という意味である。

よって，b・dが正しい組合せとなり，④が正解。

29　　正解は④

江戸時代の村政に関する情報を2点の資料から読み取らせる問題である。

a．誤文。b．正文。**資料A**には，「年貢等の勘定は代官・庄屋に百姓も立ち会って決めるべきで，毎年その帳面に間違いがないという確認の印を押させる」とある。また，「庄屋から百姓に不正な言いがかりを付けないように」ともある。したがって，幕府はa「百姓が不正な言いがかりを付けないよう」に書類に印を押

させたのではなく，**b**「百姓にも関係書類を見せて」確認させることで，「年貢等の勘定」が「公正に」行われるようにしたことが読み取れる。

c．誤文。**d**．正文。**資料B**では，「村の会計帳簿が天保年間から作成されておらず，百姓代に文書の記録や計算をさせず，（名主が）自分の日記に付け込むだけで，…他の村役人が村の会計について一切わからないようにしている」として，百姓たちが名主の不正を訴えている。したがって，**d**「名主が諸費用の勘定を一人で行ったために，名主が訴えられた」と考察する。

よって，**b**・**d**が正しい組合せとなり，**④**が正解。

CHECK　**江戸時代の村政**

江戸時代の村は，**名主**・**組頭**・**百姓代の村方三役**と呼ばれる村役人のもとで本百姓による自治が行われた。名主は地域によっては庄屋・肝煎とも呼ばれる村政の責任者であり，組頭は名主を補佐し，百姓代は村民代表として名主・組頭の仕事を監視する役を負った。また，検地帳に登録され，年貢賦課の対象となる本田畑を所有する本百姓は，相互扶助・相互監視のため**五人組**を結成させられた。年貢など領主への諸税は，村全体の責任で果たす**村請制**が行きわたっていた。

30 (1)　**正解は③**

江戸時代後期の政治・文化に関する知識とともに，絵画に描かれたものを判断し，それに関わる道具について考察する力を問う問題である。

図Aは渓斎英泉筆『江戸の松名木尽　押上妙見の松』，**図B**は「雪の殿様」として知られる古河藩主土井利位が20年の歳月をかけて雪を観察し，結晶の形をスケッチした記録を図版としてまとめ，1832（天保3）年に出版した『雪華図説』である。鈴木牧之がそのスケッチを引用し，1837（天保8）年に刊行した『北越雪譜』初篇が当時のベストセラーになると，雪の模様が江戸で大流行し，着物や工芸品の意匠として盛んに描かれた。

エ．土井利位に蘭学の手ほどきをしたのは，**渡辺崋山**画の肖像画『鷹見泉石像』で知られる古河藩士鷹見泉石である。したがって，**Ⅱ**が正しい。**Ⅰ**は8代将軍**徳川吉宗**の肖像画である。

オ．**Ⅲ**は当時輸入され使われていたカルペパー型顕微鏡，**Ⅳ**は国友藤兵衛（一貫斎）作の望遠鏡である。雪の結晶の観察なので，**Ⅲ**が妥当である。

よって，**エ－Ⅱ**，**オ－Ⅲ**が正しい組合せとなり，**③**が正解。

(2)　**正解は②**

江戸時代の諸事件に関する知識を問う問題である。

①誤文。江戸時代前期の**大坂の役**（大坂冬の陣・夏の陣）のうち大坂冬の陣のこと。

②正文。陽明学者で大坂町奉行所元与力の大塩平八郎が，天保の飢饉で苦しむ民衆

救済のため，1837（天保8）年，門弟や農民を率いて蜂起したが，半日で鎮圧された（**大塩の乱**）。その後，大塩は大坂城代土井利位とその家老鷹見泉石らの率いる探索方に包囲された末，自決した。

③誤文。1837（天保8）年，国学者生田万が門弟や農民と，越後柏崎で陣屋を襲撃した一揆（**生田万の乱**）のこと。大塩の乱に影響されたといわれる。

④誤文。1860（安政7）年，大坂城ではなく江戸城桜田門外で大老井伊直弼が水戸浪士らに暗殺された（**桜田門外の変**）。

31　正解は④

絵図をもとに幕末の貿易と輸出品の製造過程に関する知識・判断力を問う問題。図の荷物は，「開港当時，日本の貿易品で最も多く輸出された商品」とあるので，**生糸**と想定される。

作物では，Ⅰ．和紙の原料の楮，Ⅱ．蚕の餌となる桑，Ⅲ．茶があるが，生糸製造に必要なのはⅡの桑である。なお，茶は輸出品として2番目に多い品目であった。

道具は，a．江戸時代中期に普及した籾の選別農具である唐箕，b．紙漉きに使われる簀桁，c．繭から糸をたぐりながら糸枠に巻き取るための座繰である。適当なのはcの座繰である。

よって，**作物－Ⅱ，道具－c** が正しい組合せとなり，④が正解。

CHECK　開港後の貿易

開港後の貿易は当初輸出超過で，輸出品の大部分は，生糸や蚕の蛾に卵を産み付けさせた蚕卵紙，また茶などの半製品・食料品であった。その多くは横浜港での貿易が占めた。国別取扱高では，イギリスが圧倒的で，アメリカは南北戦争（1861～65年）の影響により後退した。1866（慶応2）年の改税約書で税率が引き下げられると輸入超過に転じ，特に安価な綿織物の大量輸入は，国内の綿織物業を圧迫した。

■主要貿易品の割合（1865年）

海産物 2.9　その他 3.3
蚕卵紙 3.9
茶 10.5
生糸 79.4%
輸出

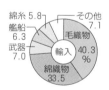

綿糸 5.8　その他 7.1
艦船 6.3
武器 7.0
毛織物 40.3%
綿織物 33.5
輸入

■港別貿易額比率（1865年）

長崎 3.8　箱館
横浜 94.5%
輸出

長崎 12.3　箱館
横浜 86.8%
輸入

■横浜港の国別取扱高（1865年）

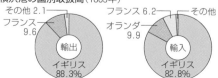

その他 2.1
フランス 9.6
イギリス 88.3%
輸出

フランス 6.2　その他
オランダ 9.9
イギリス 82.8%
輸入

第5章　近現代　　　　まとめ

■ 近現代の要点整理

❶　明治時代の政治の流れを整理しておこう　…立憲体制の成立と展開

①明治維新

　戊辰戦争（1868〜69 年）

　五箇条の誓文，五榜の掲示，政体書，神仏分離令（1868 年）

　版籍奉還（1869 年），**廃藩置県**（1871 年）　…**中央集権体制の成立**

②自由民権運動の展開と政府の対応

1874	民権派	民撰議院設立建白書を政府に提出（愛国公党）
		立志社設立（高知）⇨愛国社結成（1875 大阪）
1875	政　府	漸次立憲政体樹立の詔，元老院・大審院・地方官会議設置
		新聞紙条例・讒謗律
1880	民権派	国会期成同盟の結成
	政　府	集会条例
1881	政　府	明治十四年の政変
		国会開設の勅諭　…10 年後の国会開設を決定
		松方財政　…緊縮・デフレ政策で不況を招く
1882	民権派	福島事件
1884	民権派	群馬事件・加波山事件・**秩父事件**　］…民権運動が激化
1885	政　府	**内閣制度の発足**（第1次伊藤博文内閣）
1886	民権派	大同団結の呼びかけ（〜1889）
1887	民権派	三大事件建白運動
	政　府	保安条例

③内閣制度の発足と議会政治の展開　　　　　　　（①は第1次内閣）

内閣	国内政治・社会	対外関係
		甲申事変（1884）
		⇨天津条約（1885 日清両国軍の朝鮮からの撤兵）
伊藤博文①	内閣制度発足（1885） 最初の企業勃興　⇨産業革命開始 市制・町村制	
黒田清隆	枢密院設置（1888 天皇の最高諮問機関，憲法案の審議） 大日本帝国憲法公布，**衆議院議員選挙法**，黒田清隆首相の超然主義演説（1889）	
	立憲体制の成立	

山県有朋①	教育勅語, 第 1 回帝国議会（1890 軍拡予算をめぐる民党との対立）	
松方正義①	樺山資紀海相の蛮勇演説 品川弥二郎内相の選挙干渉	大津事件（1891）
伊藤博文②	和衷協同の詔書（建艦詔勅） ※日清戦争後, 自由党と提携	日英通商航海条約調印（1894 領事裁判権の撤廃） 日清戦争（1894〜95） ⇨下関条約, 三国干渉（日本は対露軍拡へ）
松方正義②	※進歩党と提携 貨幣法（1897 金本位制確立）	
伊藤博文③	地租増徴案をめぐり民党と対立 ⇨民党が憲政党結成	列強による中国分割進行
大隈重信①	隈板内閣, 初の政党内閣（憲政党） 尾崎行雄文相の共和演説事件	
山県有朋②	地租増徴（2.5%→3.3%） 文官任用令改正 治安警察法, 選挙法改正, 軍部大臣現役武官制（1900）	門戸開放宣言（1899 米） 義和団事件 ⇨北清事変（1900〜01） ⇨ロシアの満洲（州）占領
伊藤博文④	※立憲政友会を与党 官営八幡製鉄所操業開始（1901）	
桂太郎①	桂園時代	
	日比谷焼打ち事件	日英同盟（1902） 日露戦争（1904〜05） ⇨ポーツマス条約 桂・タフト協定, 韓国統監府
西園寺公望①	鉄道国有法（1906）	関東都督府, 南満洲鉄道株式会社（1906）
桂太郎②	戊申詔書（1908） 大逆事件（1910） 工場法（1911 施行は 1916）	韓国併合, 朝鮮総督府（1910） 日米通商航海条約改正（1911 関税自主権の回復）
西園寺公望②	明治天皇死去（1912）	

❷　大正時代の政治の流れを整理しておこう　…大正デモクラシー

①藩閥政治から政党政治へ

内　閣	国内政治・社会	対外関係
西園寺公望②	2 個師団増設問題　⇨上原勇作陸相の帷幄上奏（1912）	辛亥革命（1911〜12）
桂太郎③	第一次護憲運動（1912〜13 立憲政友会尾崎行雄・立憲国民党犬養毅ら）　⇨大正政変	

山本権兵衛[1]	軍部大臣現役武官制改正 ジーメンス事件（1914）	
大隈重信[2]		第一次世界大戦参戦（1914） 二十一カ条要求（1915 袁世凱政権へ）
寺内正毅	米騒動（1918）	西原借款（段祺瑞政権へ） 石井・ランシング協定 シベリア出兵（1918〜22）
原敬	初の本格的政党内閣（立憲政友会） 大学令（1918） 選挙法改正（1919） 原首相暗殺（1921）	パリ講和会議（1919） ⇨三・一独立運動（朝鮮），五・四運動（中国），ヴェルサイユ条約 国際連盟加盟（1920） ワシントン会議（1921〜22）
高橋是清		⇨四カ国条約・九カ国条約・海軍軍縮条約 協調外交
加藤友三郎		シベリア撤兵（1922）
山本権兵衛[2]	関東大震災，虎の門事件（1923）	
清浦奎吾	第二次護憲運動（1924）	
加藤高明	※護憲三派（憲政会・立憲政友会・革新倶楽部）連立内閣 治安維持法，普通選挙法（1925） 政党内閣時代へ＝憲政の常道	日ソ基本条約（1925）

②社会運動の本格的展開

労働運動：**友愛会**（1912 年 鈴木文治)→**日本労働総同盟**（1921 年）

社会主義運動：日本社会主義同盟（1920 年），**日本共産党**（1922 年 非合法）

女性解放運動：青鞜社（1911 年 平塚らいてう），**新婦人協会**（1920 年 平塚らいてう・市川房枝ら，治安警察法第 5 条改正運動）

農民運動：**日本農民組合**（1922 年 杉山元治郎・賀川豊彦ら，小作争議の指導）

部落解放運動：**全国水平社**（1922 年）

③選挙権の拡大

公布年	公布時の内閣	直接国税	年　齢	性別	全人口比
1889	黒田清隆	15 円以上	満 25 歳以上	男	1.1%
1900	山県有朋[2]	10 円以上	〃	男	2.2%
1919	原敬	3 円以上	〃	男	5.5%
1925	**加藤高明**	**制限なし**	〃	男	20.8%
1945	幣原喜重郎	〃	満 20 歳以上	**男女**	50.4%
2015	安倍晋三	〃	満 18 歳以上	男女	83.3%

❸ 昭和前期の政治の流れを整理しよう　…政党政治からアジア・太平洋戦争へ

内　閣 （政党など）	国内政治・社会	対外関係
若槻礼次郎① （憲政会）	**金融恐慌**（1927 銀行の休業・倒産）	蔣介石による北伐開始（幣原喜重郎外相は不干渉方針）
田中義一 （立憲政友会）	金融恐慌鎮静化（モラトリアム・日銀融資による） **最初の普通選挙** ⇨三・一五事件，治安維持法改正，全国に特高設置（1928），四・一六事件（1929）	山東出兵（1927～28） 張作霖爆殺事件（1928 関東軍） 不戦条約（1928）
浜口雄幸 （立憲民政党）	金解禁（1930 **井上財政**） **昭和恐慌**（農業恐慌） 　　　　ファシズムの台頭 三月事件（1931）	世界恐慌（1929～） **ロンドン海軍軍縮条約**（1930） ⇨統帥権干犯問題
若槻礼次郎② （立憲民政党）	十月事件（1931）	柳条湖事件（1931）　⇨満洲事変 　　　大陸侵略の本格化
犬養毅 （立憲政友会）	金輸出再禁止（1931 **高橋財政**） 血盟団事件，五・一五事件（1932） 政党政治の終焉，挙国一致内閣へ	満洲国建国（1932 溥儀が執政）
斎藤実（海軍）	滝川事件（1933）	日満議定書（1932） **国際連盟脱退通告**（1933）
岡田啓介（海軍）	天皇機関説問題，国体明徴声明（1935） **二・二六事件**（1936） 軍による政治介入，議会の弱体化	
広田弘毅（官僚）	軍部大臣現役武官制復活（1936）	日独防共協定（1936 翌年伊加盟）
林銑十郎（陸軍）		
近衛文麿① （貴族院）	国民精神総動員運動 **国家総動員法**（1938） 　　　戦時体制の本格化	盧溝橋事件（1937） ⇨日中戦争開始，南京事件 「国民政府を対手とせず」の近衛声明（1938）
平沼騏一郎 （官僚）		ノモンハン事件（1939 ソ連と国境紛争） 独ソ不可侵条約（1939）
阿部信行（陸軍）		第二次世界大戦勃発（1939）
米内光政（海軍）		新国民政府樹立（1940 汪兆銘政権）

近衛文麿[2] （貴族院）	大政翼賛会（1940 新体制運動） 総力戦体制の強化	北部仏印進駐，日独伊三国同盟（1940） 日ソ中立条約，日米交渉の開始，独ソ戦争開始（1941）
近衛文麿[3] （貴族院）	帝国国策遂行要領（1941.9 対米英戦準備）	南部仏印進駐（1941） ⇨米による在米日本資産凍結・対日石油禁輸 真珠湾攻撃（1941.12） ⇨アジア・太平洋戦争開始
東条英機（陸軍）	翼賛選挙（1942） 東条内閣総辞職	ミッドウェー海戦（1942） ⇨日本軍大敗北 戦局の転換 大東亜会議（1943「大東亜共同宣言」） サイパン島陥落（1944） ⇨本土空襲激化
小磯国昭（陸軍）		ヤルタ会談（1945.2 米英ソ） 東京大空襲（1945.3） 沖縄戦（1945.4～6）
鈴木貫太郎（海軍）		原爆投下（1945.8.6 広島，8.9 長崎） ポツダム宣言受諾，終戦の詔勅（1945.8.14～15）

◆◆ 太平洋戦争の戦局の推移

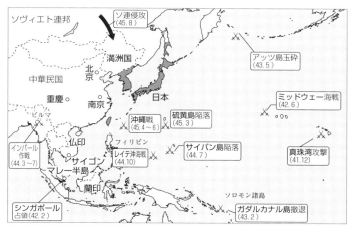

4 戦後日本の政治・外交・社会の変遷を整理しよう

① GHQ による占領統治　…非軍事化・民主化

内　閣	政治動向
東久邇宮稔彦	GHQ 進駐，降伏文書調印（1945.9）
	五大改革指令（1945.10）
幣原喜重郎	・婦人解放　⇨婦人参政権の実現 ・労働組合の結成助長 　⇨労働組合法・労働関係調整法・労働基準法 ・教育の民主化 　⇨教育基本法・学校教育法，教育委員会設置 ・圧政的制度の廃止 　⇨治安維持法・特高警察の廃止など ・経済の民主化　⇨農地改革，財閥解体 ※幣原内閣より後に実現した施策も含まれる
吉田茂[1]	金融緊急措置令（1946），公職追放 ※日本自由党（政党政治の復活） 日本国憲法公布（1946） 傾斜生産方式の採用，復興金融金庫設立 二・一ゼネスト中止（1947）
片山哲	※日本社会党・民主党・国民協同党連立（中道政治） 内務省廃止（1947）
芦田均	※民主党・日本社会党・国民協同党連立 昭和電工疑獄事件（1948）

②日本の独立　…米ソ冷戦，民主化から経済自立へ

　吉田茂[2]～[5]　・経済安定九原則の実行指令（1948 年）　⇨ドッジ=ライン（緊縮）

　　　　　　　　　シャウプ税制（直接税中心）

　　　　　　　・**朝鮮戦争**勃発（1950 年）⇨警察予備隊（のち自衛隊），**特需景気**

　　　　　　　・サンフランシスコ平和条約・日米安全保障条約調印（1951 年）

③ 55 年体制と保守政治の展開

内　閣	国内政治・社会	国際関係
鳩山一郎	日本社会党再統一，自由民主党結成 55 年体制成立 **神武景気**（1955～57） 高度経済成長へ	アジア=アフリカ会議 ワルシャワ条約機構発足（1955 NATO 発足は 1949） **日ソ共同宣言，国際連合加盟**(1956)
石橋湛山		
岸信介	岩戸景気（1958～61） 安保闘争	日米相互協力及び安全保障条約調印 （1960） 「アフリカの年」（1960）

池田勇人	「寛容と忍耐」，国民所得倍増計画 農業基本法（1961） 東海道新幹線開通，東京オリンピック（1964）	キューバ危機（1962） IMF 8 条国移行，OECD 加盟（1964）
佐藤栄作	いざなぎ景気（1966〜70） 大都市圏で革新自治体の成立 公害対策基本法（1967） 日本万国博覧会（1970 大阪府） 環境庁発足（1971）	ベトナム戦争（1965〜73） 日韓基本条約（1965） 沖縄返還協定（1971）　⇨翌年返還 ドル=ショック（1971）
田中角栄	「日本列島改造論」 狂乱物価 戦後初のマイナス成長（1974） 高度経済成長の終焉	日中共同声明（1972） ⇨日中国交正常化 変動為替相場制移行（1973） ⇨円高不況 第 4 次中東戦争　⇨第 1 次石油危機
三木武夫	ロッキード事件（1976）	第 1 回サミット（先進国首脳会議）（1975）
福田赳夫		日中平和友好条約（1978）
大平正芳		米中国交正常化（1979） イラン革命（1979） ⇨第 2 次石油危機 ソ連のアフガニスタン侵攻（1979〜89）
鈴木善幸		日米経済摩擦
中曽根康弘	「戦後政治の総決算」 男女雇用機会均等法（1986） バブル経済 分割民営化（NTT・JT・JR の発足）	プラザ合意　⇨円高（1985） ソ連でペレストロイカ本格化（1986）
竹下登	リクルート事件（1988） 昭和天皇死去，消費税導入（1989）	
宇野宗佑		天安門事件（1989）
海部俊樹	バブル経済の崩壊	東欧革命（1989），東西ドイツ統一（1990） 冷戦の終焉 湾岸戦争勃発（1991） ソ連邦解体（1991） PKO 協力法（1992 自衛隊海外派遣）
宮沢喜一	自由民主党分裂，総選挙大敗（1993） 55 年体制の終焉	
細川護熙	※日本新党などによる非自民連立	日本のコメ市場の部分開放（1993）

近現代の対策

▶　**明治時代**について，明治維新期の近代化政策（徴兵令・地租改正・学制など），自由民権運動と憲法の制定，日清戦争前後の議会政治の展開（藩閥政府と政党の関係），条約改正，日清・日露戦争の経過および講和条約の内容，植民地統治など，前後関係に留意しながら，各テーマの内容を理解しよう。

▶　**大正時代**について，護憲運動の展開，藩閥政治から政党政治に至る過程を理解しておこう。また，第一次世界大戦への参戦と中国・太平洋への進出，反日運動の勃興など外交についても大きな歴史の流れを意識しよう。

▶　**明治〜大正時代の経済**は，殖産興業・産業革命・大戦景気とそれぞれの時期の特徴に留意して，繊維業・重工業，金融・貿易などの基本事項を理解しよう。また，資本主義の進展にともなって発生した社会問題・社会運動について背景や要因を考察する問題の出題が今後も予想されるので，流れを押さえておくこと。

▶　**昭和前期**について，経済政策（金融恐慌への対応・井上財政・高橋財政）は，政党政治（憲政の常道）の崩壊につながる重大要因の一つであり，頻出のテーマである。金本位制の推移などにも留意して，経済政策の内容・変遷を理解しよう。その後の軍による政治介入，議会政治の衰退，満洲事変以降の大陸進出，戦時体制の強化，アジア・太平洋戦争などの諸テーマは，**グラフ・地図などの資料**を用いた様々な出題が想定される。基本事項の理解に徹することを心がけたい。

▶　**戦後の政治・外交・経済**は，民主化（1945〜47年），冷戦と独立（1948〜50年代前半），高度経済成長（1955〜72年），安定成長〜バブル経済（1972〜91年）というように，**時期区分を意識**しながら基本事項を理解しておきたい。また，近現代史はつねに世界の動向と密接な関係をもっていることを忘れてはならない。

第5章　近現代

演習問題

32 　総合　高校生の明子さんは，江戸時代末期から明治時代にかけての勉強をしている。1853年のペリー来航に関連して，明子さんは，このできごとの前後関係を説明するために3枚のカードを作成した。次のa〜dの文のうち，カード1とカード3に入る文の組合せとして適当なものを，下の①〜④のうちから一つ選べ。

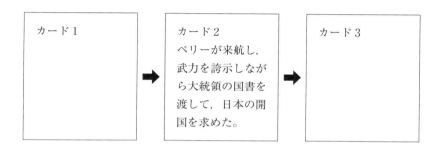

| カード1 | | カード2　ペリーが来航し，武力を誇示しながら大統領の国書を渡して，日本の開国を求めた。 | | カード3 |

a　アメリカはカルフォルニアまで領土を拡げ，太平洋を横断する貿易船や捕鯨船の安全に関心を持った。

b　アメリカでは国内を二分した戦争が終わって統一が回復され，海外通商に関心が生じた。

c　瓦版や錦絵が多数出回り，民衆の間でもアメリカなど欧米への関心が高まった。

d　新たに開港場が設けられ，アメリカは日本にとって最大の貿易相手国となった。

① カード1ーa　　カード3ーc
② カード1ーa　　カード3ーd
③ カード1ーb　　カード3ーc
④ カード1ーb　　カード3ーd

〔第1回プレテスト　日本史B・改〕

第5章

33 服装をテーマとする学習で，山本さんは近代における洋服の普及について調べ，中間発表を行った。**発表資料**を読み，下の問いに答えよ。

> **発表資料**
>
> 　江戸時代の絵画を見ると和服の人がほとんどだが，洋服を着用する人がみられるようになるのはいつからであろうか。戊辰戦争より前に雄藩や幕府で洋式軍隊が導入されていたことから，洋服は江戸時代末期には着用されていたように思われる。明治時代になると，東京の銀座を描いた絵画などに洋服を着た人が描かれるようになることから，<u>都市部においては洋服が広がりをみせていたようだ</u>。

　下線部に関連して，先生が次のような2枚の**写真**を示してくれた。山本さんは明治天皇皇后（のちの昭憲皇太后）が和服と洋服で写っていることに気付き，その時代背景を考えた。また先生は，明治天皇皇后が1886年以降に洋服を中心に着るようになったことを教えてくれた。服装を変化させた目的として最も適当なものを，下の①〜④のうちから一つ選べ。

写真甲　1872年　　　　　　　　　写真乙　1889年

① 女性の社会進出を象徴する職業婦人を都市部に増やすため。
② 身分を越えた通婚の自由などを認めた四民平等を示すため。
③ 五箇条の誓文が示す，新政府の方針を国民に浸透させるため。
④ 条約改正を実現するための欧化政策を自らも推進するため。

〔本書オリジナル〕

34 物価の上昇・下落をテーマとする学習で，伊藤さんは近代の生糸と米の価格について次の**グラフ**をもとに調べた。下の問い（(1)〜(3)）に答えよ。（資料は，一部省略したり，書き改めたりしたところもある。）

グラフ　生糸・米の価格変動

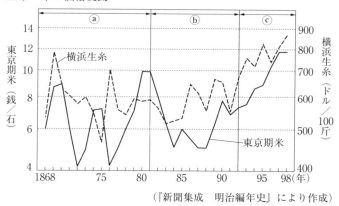

（『新聞集成　明治編年史』により作成）

(1)　伊藤さんは，**グラフ**のⓐの時期の状況を示す資料を集めることにした。次のⅠ〜Ⅲのうち，その資料として当てはまるものはどれか。その正誤の組合せとして正しいものを，下の①〜④のうちから一つ選べ。

Ⅰ　問　自由党及ヒ借金党ニ集合スル主赴（趣）ノケ条ヲ申立ヨ
　　答　自由党ハ学校ヲ廃シ又租税ヲ減スルニハ多人数暴挙シ県庁郡役所及ヒ警察署ヲ打毀スノ目的ニテ借金党ハ戸長役場ノ公証簿及ヒ金貸方ノ証書ヲ焼棄テ無済ニスル目的ナリ
　　問　汝ハ何ノ戸長役場カ金貸方ヘ乱入セシヤ
　　答　未タ乱入セサル内ニ捕ハレタリ

Ⅱ　富山県中新川郡西水橋町町民の大部分は出稼ぎ業者なるが，本年度は出稼ぎ先なる樺太は不漁にて帰路の路銀に差支ふる有様にて生活頗（すこぶ）る窮迫し，加ふるに昨今の米価暴騰にて困窮　愈（いよいよ）其極に達し居れるが，三日午後七時漁師町一帯の女房連二百名は海岸に集合して三隊に分かれ……

Ⅲ　従前地租ノ儀ハ自ラ物品ノ税家屋ノ税等混淆致シ居候ニ付，改正ニ当テハ判然区分シ，地租ハ則地価ノ百分ノ一ニモ相定ムヘキノ処，未タ物品等ノ税目興ラサルニヨリ，先ツ以テ地価百分ノ三ヲ税額ニ相定候得共，向後茶・煙草・材木，其他ノ物品税追々発行相成……

① Ⅰ　正　　Ⅱ　正　　Ⅲ　誤　　　② Ⅰ　正　　Ⅱ　誤　　Ⅲ　誤
③ Ⅰ　誤　　Ⅱ　正　　Ⅲ　正　　　④ Ⅰ　誤　　Ⅱ　誤　　Ⅲ　正

(2)　伊藤さんは，**グラフの⑥の時期**になると，生糸と米の価格がほぼ同じように変動していることに気付いた。⑥の時期における国内産業と日本の金融・財政政策との関係を説明した文として**誤っているもの**を，次の①〜④のうちから一つ選べ。

① 正貨を備蓄して日本銀行を設立し，銀兌換銀行券を発行した。
② 官営模範工場の払下げ概則が廃止され，払い下げが進んだ。
③ 歳出を減らすために，政府は全ての分野の予算を切り詰めた。
④ 歳入を増やすために，酒や煙草に対する増税が行われた。

(3)　伊藤さんは，**グラフの⑥〜ⓒの時期**の農村について調べ，**【論述の要旨】**をまとめた。**【論述の要旨】**の空欄　A　　B　　C　に入る語句の組合せとして正しいものを，下の①〜④のうちから一つ選べ。

【論述の要旨】
　　小作料は　A　であり，地租は　B　であったため，米価が上昇すると　C　の収入は増加した。　C　はその利益を起業や公債・株式投資に向け，資本主義の発展をもたらした。

---

① A　定額金納　　B　現物納　　C　国家
② A　定額金納　　B　現物納　　C　地主
③ A　現物納　　　B　定額金納　C　国家
④ A　現物納　　　B　定額金納　C　地主

〔本書オリジナル〕

□
35 　総　合　　次の**資料Ⅰ〜Ⅳ**は，日清戦争後の日本や日本と諸外国との関係を示
□
している。**資料Ⅰ〜Ⅳ**を参考にして，イギリスが利益を得ることになった下関
条約の条項を，下の①〜④のうちから二つ選べ。

資料Ⅰ　日清戦争の賠償金の使途

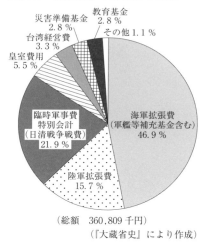

（総額　360,809 千円）
（『大蔵省史』により作成）

資料Ⅱ　主な開港場と列強の勢力範囲（1900 年前後）

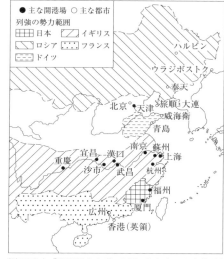

（濱下武志『世界歴史大系　中国5』などにより作成）
（注）　アヘン戦争後，清国はイギリス・アメリカ・
フランスに片務的な最恵国待遇を認めていた。

資料Ⅲ

日本の主力艦調達先
（日清戦争後〜日露戦争）

種別	調達先	隻数
戦艦	イギリス	4 隻
巡洋艦	イギリス	4 隻
	イタリア	2 隻
	フランス	1 隻
	ドイツ	1 隻

（『日本外交文書』により作成）

資料Ⅳ

清国の対外借款（日清戦争賠償金関係）

成立時期	借款金額	年利	借款引受国
1895 年	4 億フラン	4.0%	ロシア・フランス
	（英貨換算　1,582 万ポンド）		
1896 年	1,600 万ポンド	5.0%	イギリス・ドイツ
1898 年	1,600 万ポンド	4.5%	イギリス・ドイツ

（『日本外交文書』などにより作成）

① 清国は朝鮮の独立を認める。

② 遼東半島・台湾・澎湖諸島を日本に割譲する。

③ 日本に賠償金2億両を支払う。

④ 新たに沙市・重慶・蘇州・杭州を開市・開港する。

〔第2回プレテスト　日本史B〕

36 近代において，時の日本の政権がロシア政府と国境，領土を決めることになっ
た当時の状況**甲～丙**とその結果（**地図 a ～ c**）の組合せとして正しいものを，
下の①～⑥のうちから一つ選べ。

甲　アメリカ大統領の仲介で，領土の割譲などを含む講和条約が結ばれた。
乙　北海道開拓に全力を注ぐことが決まり，国境を画定する条約が結ばれた。
丙　ロシア使節との間で，長崎の開港や国境に関する条約が結ばれた。

地図

a

b

c

① 甲— a　　乙— b　　丙— c　　② 甲— a　　乙— c　　丙— b
③ 甲— b　　乙— a　　丙— c　　④ 甲— b　　乙— c　　丙— a
⑤ 甲— c　　乙— a　　丙— b　　⑥ 甲— c　　乙— b　　丙— a

〔本書オリジナル〕

37　次の**資料**は石川啄木が「実業界などに志す一部の青年」の主張を批判し，それに対する自身の見解を述べた評論の一節である。これを読んで，下の問い（(1)・(2)）に答えよ。（資料は，一部省略したり，書き改めたりしたところもある。）

資料

「国家は強大でなければならぬ。我々は夫（それ）を阻害すべき何等の理由も有（も）っていない。但し我々だけはそれにお手伝いするのは御免だ！」　これじつに今日比較的教養ある殆（ほと）んど総（すべ）ての青年が国家と他人たる境遇に於て有ち得る愛国心の全体ではないか。そうして此（こ）結論は，特に実業界などに志す一部の青年の間には，更に一層明晰になっている。曰く，「国家は　ア　主義でもって日に増し強大になって行く。誠に結構な事だ。だから我々もよろしくその真似をしなければならぬ。正義だの，人道だのという事にはお構いなしに一生懸命儲けなければならぬ。　イ　の為なんて考える暇があるものか！」

（中略）彼等は実に一切の人間の活動を白眼をもって見る如く，強権の存在に対しても赤（また）全く没交渉なのである――それだけ絶望的なのである。

　　　　（石川啄木「時代閉塞の現状　強権，純粋自然主義の最後及び明日の考察」
　　　　1910年）

(1)　空欄　ア　　イ　に入る語句の組合せとして正しいものを，次の①〜④のうちから一つ選べ。

①　ア　帝国　　イ　国　　　　　　②　ア　帝国　　イ　個人
③　ア　超然　　イ　国　　　　　　④　ア　超然　　イ　個人

(2)　この作品が発表された時代背景について述べた文として**誤っているもの**を，次の①〜④のうちから一つ選べ。

①　増税政策がとられ，庶民の暮らしは依然として厳しい状況にあった。
②　国民精神総動員運動により，個人より国家を優先するよう国民に伝えられた。
③　大逆事件が起き，社会主義者や無政府主義者への弾圧が行われた。
④　戊申詔書が出され，倹約や勤勉といった道徳面の強化が国民に求められた。

〔本書オリジナル〕

第5章

38 　明治時代の労働状況に関する以下の**資料A・B・C**について述べた文として**誤**っているものを，下の①〜⑥のうちから**二つ**選べ。（資料は，一部省略したり，書き改めたりしたところもある。）

資料A　富岡製糸場について

開業：1872年

工女（女工）の出身：士族の娘など幅広い

工女の待遇：8時間労働，週休1日，夏冬に各10日間休暇

工女の給与：一等工女（技術が優れた工女）は月収25円（警察官の初任給の約3倍）

資料B　横山源之助『日本之下層社会』（1899年）

「余嘗て桐生・足利の機業地に遊び，聞いて極楽，観て地獄，職工自身が然かく口にせると同じく，余も亦たその境遇の甚しきを見て之を案外なりとせり。而かも足利・桐生を辞して前橋に至り，製糸職工に接し，更に織物職工より甚だしきに驚ける也。労働時間の如き，忙しき時は朝床を出でゝ直に業に服し，夜業十二時に及ぶこと稀ならず。食物はワリ麦(注1)六分に米四分，寝屋は豚小屋に類して醜陋(注2)見るべからず。特に驚くべきは，其地方の如き，業務の閑なる時は復た期を定めて奉公に出だし，収得は雇主之を取る。而して一ヶ年支払ふ賃銀は多きも二十円を出でざるなり。而して渠等工女の製糸地方に来たる，機業地若くは，紡績工場に見ると等しく，募集人の手により来たるは多く，来りて二・三年なるも隣町の名さへ知らざるもあり。其の地方の者は身を工女の群に入るゝを以て茶屋女(注3)と一般，堕落の境に陥る者と為す。若し各種労働に就き，その職工の境遇にして憐れむべき者を挙ぐれば製糸職工第一たるべし」

（注1）　ワリ麦：大麦を粗く挽いたもの。

（注2）　醜陋：大変ひどく，卑しい。

（注3）　茶屋女：食事を提供する店において給仕をする女性。売春などを強いられることがあった。

資料C　創業年次別の工場数

	1876年以前	1877〜85年	1886〜94年	1895〜1902年	1902年までの工場数	女工数割合(%)
製糸業	82	304	796	1,296	2,478	93.9
紡績業	1	22	59	125	207	79.4
発火物	6	21	70	115	212	69.8
織物業	123	94	454	959	1,630	87.1
船舶車両	18	10	15	30	73	0.1
煙草業	77	23	79	184	363	68.8
窯業	116	59	104	156	435	15.9
印刷製本	12	44	70	88	214	12.1
醸造業	208	21	59	76	364	5.2
機械製造	8	17	51	60	136	1.0
製紙業	5	4	22	51	82	36.9
計	656	619	1,779	3,140	6,194	72.1

（『日本の産業革命』により作成）

（注）　1902（明治35）年末現在。

① 前橋の製糸工場は寄宿舎制度の下，深夜労働などの長時間労働が行われるなど過酷な労働環境であった。

② 前橋の製糸工場においては業務が閑散としている時は奉公に工女が出されることがあり，その収益を工場主が得ていた。

③ 前橋の製糸工場には労働者を保護するための工場法が適用されたが，労働時間が長いなど違法操業が行われていた。

④ 前橋の製糸工場に比べて富岡製糸場の工女の待遇は格段によく，殖産興業政策推進のための指導者として育成された。

⑤ 企業勃興期を迎えると多数の工場が設立されたが，その中心は繊維産業で女性の労働に負うところが大きかった。

⑥ 横山源之助は桐生や足利の織物職工の労働環境と，前橋の製糸工女の労働環境を同程度に劣悪であるとみていた。

〔本書オリジナル〕

第5章

39 次の文章は，ある生徒が交通や輸送について書いたレポートの導入部分の一部である。これを読んで，下の問いに答えよ。

> 　人間は「移動する」「物を運ぶ」という行為を今も昔も行ってきた。それらの行為をなす手段の一つとして使用される乗り物は，時代が経つにつれて変わっていった。その変化の背景には，文明・技術の発達のみならず，時代の動向がある。

　下線部に関連して，生徒はレポートの参考資料として次の**絵**と**写真**を見つけた。X・Yとそれぞれが登場した時代背景を説明した文a〜dについて，正しいものの組合せを，下の①〜④のうちから一つ選べ。

X　鉄道馬車

Y　木炭自動車

朝日新聞社／ユニフォトプレス

a　富国強兵をめざす国の方針で西洋文明が流入し，都市部や各地に新たな交通手段が登場した。

b　都市部では俸給生活者や職業婦人が増え，郊外の住宅地と都市の職場を結ぶ交通機関が整備された。

c　大量消費社会が到来し，手頃な価格帯の自動車が普及してモータリゼーションの時代を迎えた。

d　中国との戦争が長期化したために経済統制が実施され，資源不足に対応した自動車が登場した。

①　X—a　　Y—c
②　X—a　　Y—d
③　X—b　　Y—c
④　X—b　　Y—d

〔本書オリジナル〕

☐
☐ **40** 総合 次の**資料**について述べた文 a ～ d について，正しいものの組合せを，下の①～④のうちから一つ選べ。（資料は，一部省略したり，書き改めたりしたところもある。）

資料

　今や日ソ間の貿易協定は着々成果をあげつつあるが，中国との国交の打開をも速やかに実現すべきである。（中略）全人類の四分の一にも達する隣の大国が，今ちょうど日本の明治維新のような勢いで建設の途上にある。それをやがて破綻するだろうと期待したり，また向こうから頭を下げてくるまで待とうとするような態度が，はたして健康な外交であろうか。戦後十五年を経て，すでに戦後の時代は去ったようにいう人もあるが，今次大戦の中心は中国にあったのであり，その日中戦争を終息せしむることこそ戦争終結のための最大の課題ではないか。しかも相手は暴虐の限りをつくした日本に対して，仇を恩で返すことを国是とし，一切の報復主義を排して逆に手を差し伸ばして来ている。

（石橋湛山「池田外交路線へ望む」）

a　中国はサンフランシスコ平和条約の内容に抗議して，調印しなかった。
b　中国はサンフランシスコ平和条約調印の会議に招かれなかった。
c　石橋湛山は，中国は日本に対し友好的な姿勢を示しているとみていた。
d　石橋湛山は，中国は日本に対し敵対的な姿勢を示しているとみていた。

① a・c　　　② a・d　　　③ b・c　　　④ b・d

〔2018 年度本試験 日本史 B・改〕

第
5
章

41 東西冷戦の終結により，国際情勢は大きく変化した。冷戦による軍事的緊張関係はなくなったが，宗教や民族・地域をめぐる紛争の激化やテロの多発，貧困や人権・環境をめぐる新たな課題が浮上している。

そのような国際情勢の変化や多様化を受けて，日本も憲法が掲げる平和主義の下，国際平和への貢献が求められている。

下線部に関連して，国際情勢への日本の対応について述べた次の文Ⅰ～Ⅲについて，古いものから年代順に正しく配列したものを，下の①～⑥のうちから一つ選べ。

Ⅰ　人道的な国際救援活動を行うために，PKO協力法（いわゆる国連平和維持活動等協力法）が成立した。

Ⅱ　政情不安な地域における対テロ活動などを後方支援するために，テロ対策特別措置法が成立した。

Ⅲ　中東地域で起きた湾岸戦争に際して，アメリカを中心とする多国籍軍に多額の資金援助を行った。

① Ⅰ－Ⅱ－Ⅲ　　　② Ⅰ－Ⅲ－Ⅱ　　　③ Ⅱ－Ⅰ－Ⅲ
④ Ⅱ－Ⅲ－Ⅰ　　　⑤ Ⅲ－Ⅰ－Ⅱ　　　⑥ Ⅲ－Ⅱ－Ⅰ

〔本書オリジナル〕

第5章　**近現代**

解答解説

32　総合　正解は①

ペリー来航（1853年）前後のアメリカと日本の情勢に関する知識を問う問題で，日本と海外の動向を一体としてとらえた，歴史総合的な内容である。

カード1．**a**．正文。アメリカが日本に開国を求めたのは，太平洋を横断する自国の貿易船や捕鯨船の安全のため，寄港地を必要としていたからである。そのため，**日米和親条約**では**下田・箱館**の開港，アメリカ船に燃料や食料の供給を行うこと，遭難した船員の救助などが取り決められた。

b．誤文。**アメリカ南北戦争**は1861〜65年で，ペリー来航後の出来事である。

カード3．**c**．正文。江戸時代は民間業者による出版が盛んで，**瓦版**と呼ばれる読み物や**錦絵**（多色刷の浮世絵版画）によって災害・事件・世相など様々な情報が人々に伝えられた。幕末になるとその数が一気に増え，外国に関する記事や画題も，想像や誇張が混じることもあったが盛んに取り上げられ，民衆の外国に対する関心が高まった。

d．誤文。**日米修好通商条約**では新たに開港場が設けられて貿易が開始されたが，アメリカは南北戦争のために後退し，イギリスが最大の貿易相手国となった。

よって，カード1－**a**，カード3－**c**が正しい組合せとなり，①が正解。

33　正解は④

明治時代の衣服に関する写真から，それらの衣服が着用された目的を考察する力を問う問題である。

設問文の「1886年以降」，写真乙の「1889年」という年代から時代背景を考えたい。

①誤文。職業婦人の登場は**大正時代**のこと。明治時代には女性が社会に出て働くことは珍しかったが，大正時代になると**職業婦人**と呼ばれる，バスガール・タイピスト・電話交換手などの仕事に従事する女性が登場し，女性の社会進出がみられた。

②誤文。**四民平等**は1870年代前半になされた。江戸時代は婚姻や居住などにおいて制約があったが，明治時代になると四民平等のため制約は緩和された。和装から洋装への転換という事項から，「身分を越えた通婚の自由」といった側面を読み取ることはできない。

③誤文。**五箇条の誓文**は1868年に発布された新政府の基本方針で，明治天皇が公卿や諸大名らを前に神に誓う形で発表したもの。その内容は公議世論の尊重と開

国和親などであった。

④正文。1880年代，**井上馨**外相は条約改正交渉促進のために**欧化政策**を推進し，鹿鳴館などが建設された。明治天皇の洋装の「御真影」にもみられるのと同じく，明治天皇皇后（昭憲皇太后）も自ら洋装をし，人々に示すことで欧化政策を推進しようとしていたと考えられる。

34　(1)　正解は④

明治時代前期の1868〜81年の社会状況に関して，資料の読み取りを問う問題である。

Ⅰ．**誤り**。「自由党及ヒ借金党」「戸長役場ノ公証簿及ヒ金貸方ノ証書ヲ焼棄テ無済ニスル目的」などから，資料は1884年に秩父地方の農民（借金党または困民党）が負債減免を求めて蜂起した**秩父事件**についてのものだとわかる。1881年に始まる**松方デフレ政策**により，生糸や米の価格が暴落し，養蚕・製糸が主産業であった秩父地方の農民は困窮して負債に苦しんでいた。

Ⅱ．**誤り**。資料は1918年の**米騒動**に関する『東京朝日新聞』の記事である。シベリア出兵を見越した米の買占めによる米価高騰に対して，富山県の漁村の主婦らが蜂起し，やがて騒動が全国各地に広がっていった。

Ⅲ．**正しい**。「先ツ以テ地価百分ノ三ヲ税額ニ相定候」から，地租を地価の3％と定めた**地租改正**のことを示していると気づきたい。資料は1873年の**地租改正布告及条例**である。

よって，Ⅰ—誤，Ⅱ—誤，Ⅲ—正となり，④が正解。

(2)　正解は③

生糸と米の価格に関するグラフをふまえ，松方財政期の政策についての知識を問う問題である。

1881年を境に生糸と米の価格が下落している。ⓑの時期は**松方財政期**で，1880年代前半にデフレ政策が行われ，全国で深刻な不況となった。生産者である農民の収入は減少したが，地租は定額であったため，農民の生活は困窮した。

①**正文**。**日本銀行**は，1882年に大蔵卿松方正義が設立した中央銀行である。1885年から銀兌換銀行券を発行し，翌1886年には政府紙幣の銀兌換も開始されて，**銀本位制**が確立した。

②**正文**。松方財政期の1884年，条件が厳格であった**工場払下げ概則**が廃止されたことにより，官営模範工場などの払い下げが進んだ。

③**誤文**。松方財政期には緊縮財政がとられていたが，いずれ起こりうる戦争のために軍事費に関しては増加させていた。当時，壬午軍乱（事変），甲申事変などの

発生があり，朝鮮半島をめぐる日清関係の緊張が表面化していた。

④正文。松方は軍事費の拡張や不換紙幣の整理のために増税を断行した。

(3)　**正解は**④

1880〜90年代の農村における地主の成長と資本主義との関わりについて考察する力を問う問題である。

A・B．小作料は現物納であったが，地租は地価の3％（1877年に2.5％に引き下げられるが，1898年に3.3％に増徴される）の定額金納であった。

C．米価などの農作物価格上昇によって収入が増加するのは，地主である。地租を負担する地主は，小作農が納めた農作物を価格の高騰を見てから売却し，大きな利益を得ていた。地主はその利益を企業に投資するなどして，資本主義とのつながりを強めた。地租は定額金納であるから，地租収入と農作物価格の変動は無関係であり，国家は誤り。

35　総合　正解は③・④

グラフ・地図・統計表など4点の資料を読み取り，日清戦争後にイギリスが得た利益と下関条約の条項との関連性を考察する力を問う問題である。

資料 I…日本が清国から得た賠償金の総額は約3億6千万円で，そのうちの約85％が軍事費に使われており，中でも海軍拡張費の割合が高いことがわかる。

資料 II…日清戦争後の1900年前後には列強諸国による中国分割が進み，そのうちイギリスは香港などを領有するとともに，長江流域を勢力下に置いていることがわかる。日本が下関条約で清国に開港させた沙市・重慶・蘇州・杭州は長江流域などにある。さらに地図の（注）から，これら4港の開港は，清国が片務的最恵国待遇を認めたイギリス・アメリカ・フランスにも適用されることが読み取れる。

資料 III…日清戦争後〜日露戦争の期間における日本の主力艦の調達先は，イギリスが最も多いことがわかる。このことと**資料 I**から，下関条約で日本が獲得した賠償金の多くが，軍艦購入費としてイギリスに支払われたことを読み取りたい。

資料 IV…清国は，ロシア・フランス・イギリス・ドイツなどからの借款（国際間の資金の貸借）によって日本への賠償金をまかない，その年利は4.0〜5.0％であったことがわかる。年利は当然，貸し与えた側の利益になる。

資料 I・III・IVから，③日本への2億両の賠償金がイギリスに利益をもたらし，**資料 II**から，④沙市・重慶・蘇州・杭州の開市・開港が，イギリスに商業上の利益をもたらしたと判断できる。

36　正解は⑤

近代における日露間の国境・領土画定に関して，当時の状況と画定結果の地理的な理解を問う問題である。

甲．日露戦争の講和条約である**ポーツマス条約**は，アメリカ大統領セオドア=ローズヴェルトを仲介者として，小村寿太郎外相とロシア全権ウィッテとの間で1905年に結ばれた。その内容は，樺太の南半分（北緯50度以南）を日本に割譲することなどである。対応する地図としてはcが正しい。

ポーツマス条約（1905年）

乙．1875年に結ばれた**樺太・千島交換条約**のことであり，締結者は駐露公使の榎本武揚。開拓長官黒田清隆のもと北海道開拓に専念するため，これまで日露雑居地であった樺太を放棄し，その代わりに千島全島を日本領とすることが決められた。対応する地図はaである。

樺太・千島交換条約（1875年）

丙．1855年（旧暦では1854年）に江戸幕府がロシアと結んだ**日露和親条約**のことであり，樺太を日露両国人の雑居地とし，千島列島は択捉島以南を日本領，得撫島以北をロシア領とすることが決められた。対応する地図はbである。

よって，甲—c，乙—a，丙—bが正しい組合せとなり，⑤が正解。

日露和親条約（1855年）

CHECK　ポーツマス条約

ポーツマス条約では，南樺太の日本への割譲のほかに，韓国に対する日本の指導・保護・監督権，清国からの旅順・大連の租借権，長春以南の鉄道とそれに付属する権利の譲渡，沿海州やカムチャツカの漁業権獲得などが認められたが，賠償金は得られなかった。増税などで大きな負担を強いられた国民は講和条約の内容に不満を抱き，講和反対の国民大会は暴動と化した（日比谷焼打ち事件）。

37　(1)　正解は①

資料を読み取り，石川啄木が批判する一部の青年らの考えを推測する力を問う問題である。

日露戦争（1904〜05年）後に生じた個人主義や国民の緩んだ雰囲気に対し，政府

の対応が厳しくなってきた状況を受けて，1910年に石川啄木が発表したのが「時代閉塞の現状」である。

ア．「国家は…日に増し強大になって行く」に着目し，当時の列強がとった**勢力拡大政策**は何かということを考え，**帝国主義**と推測したい。**超然**主義は，政党の意向に左右されず政策を行うとする政府の立場で，1889年，憲法発布翌日に当時の首相黒田清隆が行った演説に始まる。

イ．啄木は，「正義だの，人道だのという事にはお構いなしに一生懸命儲けなければならぬ」と個人主義に走り，理想を失って「強権の存在に対しても亦全く没交渉」である一部の青年たちの内向性を嘆いている。青年らが関心を失っているのは，個人ではなく国が正しい。啄木は，現状を乗り越える道を模索した上で，国家権力と対峙することによる自我の確立を説いた。

(2)　**正解は②**

▌資料が書かれた当時の時代背景を考察させる問題である。

①**正文**。日露戦争に際し諸外国から借りた外債の返済や次に起こりうる戦争のために増税が行われ，人々の税負担は大きくなっていった。

②**誤文**。**国民精神総動員運動**は1937年，日中戦争を契機に第1次近衛文麿内閣により開始された運動。軍需支出が増大する中，政府は地下資源の不足や財政窮乏に直面していた。そこで国民に対し「堅忍持久」「挙国一致」「尽忠報国」のスローガンのもと，国家を優先し戦時体制に協力することを求めた。

③**正文**。第2次桂太郎内閣の1910年に**大逆事件**が起き，明治天皇暗殺計画の疑いで幸徳秋水や管野スガらが逮捕され，翌年には死刑となった。これ以降，社会主義者の活動は低迷し「冬の時代」と呼ばれる時代になった。この事件を受けて石川啄木は「時代閉塞」ととらえていた。

④**正文**。第2次桂太郎内閣は日露戦争後に生じた個人主義的思想を危険視して，国家を優先する考え方を国民に浸透させようとし，1908年に**戊申詔書**を発して国民へ道徳の強化を説いた。

38　　正解は③・⑥

▌複数の資料を読み解き，それぞれを比較することで明治時代の産業・労働について多角的に考察する力を問う問題である。

資料Bの横山源之助『日本之下層社会』（1899年）は，労働環境をめぐる社会問題を記したものである。他にも，農商務省編で工場法立案のための基礎資料である『職工事情』，山本茂実の著作で長野県諏訪地方の製糸工場の様子を描いた『あゝ野麦峠』などから，当時の工女たちの過酷な労働状況を知ることができる。

第
5
章

①**正文。資料B**の4〜5行目に「朝床を出で、直に業に服し、夜業十二時に及ぶこと稀ならず」、また5〜6行目に「寝屋は豚小屋に類して醜陋見るべからず」とあり、劣悪な環境の寄宿舎制度のもと工女たちが長時間労働に従事する様子が見て取れる。

②**正文。資料B**の6〜7行目にある通り、前橋の製糸工場では「業務の閑なる時は復た期を定めて奉公に出だし、収得は雇主之を取る」こととなっていた。なお、富岡製糸場では**資料A**に「夏冬に各10日間休暇」とあることから、2つの製糸工場の待遇は明らかに異なることがわかる。

③誤文。労働環境の悪化を受けて**工場法**が制定されたが、工場法は1911年に制定、1916年に施行であるため、**資料B**が刊行された1899年にはまだ適用されていない。

④**正文。資料B**によると前橋の製糸工場では1年間の給与が多くても20円以下なのに対し、**資料A**より富岡製糸場の一等工女は月収25円（1年間の給与は約300円）であるため、資料の年次に約25年の開きはあるものの、その差は10倍を超えていて、待遇が大きく異なっていたことがわかる。富岡製糸場は将来の製糸業指導者を育成する場所でもあった。その知識がなくとも、高い給与を得ていたことに加え、出身や労働時間などから、富岡製糸場の工女が特殊な性格をもつことに気づきたい。

⑤**正文。**松方財政下で銀本位制が確立し貨幣価値が安定したことや、金利の低下、貿易の進展などにより、1880年代後半には景気が上向き、企業勃興期を迎えた。**資料C**では1886年以降工場数が急増しており、中でも製糸業・紡績業・織物業といった繊維産業の工場の設立が進んだことがわかる。また、女工数割合から、特に**繊維産業**では働き手の多くが女性であったことが読み取れる。この繊維産業に加え、運輸業や鉱工業の発展により、日本における資本主義が確立した。

⑥誤文。**資料B**で、横山源之助は桐生や足利の織物職工について「その境遇の甚しきを見て之を案外なり」とし、労働環境の酷さに言及している。その後、前橋で製糸職工に取材し、「更に織物職工より甚だしきに驚ける也」と、桐生・足利の織物職工に比べ、前橋の製糸工女の方がより劣悪な労働環境にあることを述べている。

CHECK　**工場法**
労働者保護のために制定された法律で、12歳未満の者の就労禁止、15歳未満の者・女性の12時間以上の労働と深夜業の禁止などが主な内容である。しかし、15人未満の工場には適用されず、例外を認めるなど不十分なものであった。1911年に制定されたものの、実施が1916年となったのは、製糸業や紡績業の資本家の反対が原因であった。

39　正解は②

近現代の乗り物とその当時の政治・経済・社会的動向との関連を考察させる問題である。

X．a．**正文**。**鉄道馬車**は 1882 年に日本橋・新橋間で初めて開通したレールの上を走る馬車である。人力車とともに明治時代初期の**文明開化**を表す乗り物であったが，のちに市電などの敷設にともない衰退した。

b．**誤文**。都市化が進展したのは大正期のことで，背景には第一次世界大戦期の工業の発展がある。東京や大阪といった都市部では**俸給生活者（サラリーマン）**や**職業婦人**が現れ，市電やバスなどの交通機関が発達した。

Y．c．**誤文**。新三種の神器（３C）の一つである**自家用車**が普及したのは 1960 年代後半以降のことである。また高速道路の整備も重なり，自動車が生活の中心的な役割を果たす**モータリゼーション**と呼ばれる社会状況を迎えることになった。

d．**正文**。**木炭自動車**は，石油の供給事情悪化を受けて 1938 年頃から普及した，木炭を燃料とする自動車である。1937 年に**日中戦争**が始まると，資源小国の日本では，軍需産業に輸入物資や資金の多くを割り当て，民需産業を制限する経済統制が行われるようになった。政府は**国民精神総動員運動**を展開し，国民に対しても節約や貯蓄などを求めた。

よって，X－a，Y－d が正しい組合せとなり，②が正解。

CHECK　第二次世界大戦勃発後の日本の動向

日本は第二次世界大戦において当初の不介入方針を変え，ドイツやイタリアなどと提携を強化し，「大東亜共栄圏」の名のもとに資源の獲得をめざして東南アジアに進出する**南進政策**を推進した。1940 年に**北部仏印進駐**が行われると，アメリカは航空機用ガソリンなどの対日輸出を禁止した。日米関係はその後も悪化し，1941 年の**南部仏印進駐**を受けて，アメリカは石油の対日輸出禁止に踏み切った。さらに，アメリカ・イギリス・中国・オランダの「ABCD 包囲陣」により対日経済封鎖を行った。

第5章

40　総　合　正解は③

資料を読み取り，筆者の考えやその背景にある国際状況を考察する力を問う問題である。

資料 5 行目に「戦後十五年」とあることから，1960 年の資料ということがわかる。1956 年に**日ソ共同宣言**が調印され，日ソ国交回復が成し遂げられたが，中国（中華人民共和国）との間には 1960 年当時まだ国交がなかった。中国との国交が正常化するのは，**日中共同声明**が発表された 1972 年のことである。なお，1952 年に日華平和条約を調印し国交を結んでいた台湾（中華民国）とは，これにより断交することとなった。

a．誤文。**b**．正文。1951年のサンフランシスコ講和会議において，中国の代表権をめぐって国際的な対立があったため，中国と台湾は**招かれなかった**。なお，共産圏であるソ連，ポーランド，チェコスロヴァキアは調印を拒否し，インド，ビルマ，ユーゴスラヴィアは会議に招かれたが条約案を不服として欠席した。

c．正文。**d**．誤文。資料8〜9行目に「暴虐の限りをつくした日本に対して，仇を恩で返すことを国是とし，一切の報復主義を排して逆に手を差し伸ばして来ている」とあることから，中国は日本に敵対的な姿勢をみせず，むしろ友好的な姿勢をみせていると石橋湛山は感じていたことがわかる。資料1〜2行目の「中国との国交の打開をも速やかに実現すべきである」にみられるように，石橋湛山は日本と中国の国交正常化を望んでいた。

よって，**b・c**が正しい組合せとなり，**③**が正解。

CHECK　石橋湛山
石橋湛山（1884〜1973年）は政治家，ジャーナリスト。戦前は『東洋経済新報』の記者として活躍し，のちに主幹，代表取締役専務（のちの社長）を務めた。その中で**小日本主義**を掲げ，朝鮮・台湾などの植民地や満洲における利権の放棄，平和的経済発展を主唱した。戦後は第1次吉田茂内閣の蔵相として入閣。1956年首相に就任したが，病により辞職。その後ソ連や中国との国交回復に尽力し，冷戦構造からの脱却をめざした。

41　　正解は⑤

冷戦後の国際情勢への日本の対応に関して，出来事の年代配列を問う問題である。

Ⅰ．1991年の**湾岸戦争**後，日本の国際貢献のあり方が問われるようになり，1992年に**PKO協力法**（いわゆる国連平和維持活動等協力法）が成立した。日本は同法にもとづき，カンボジアへ自衛隊を派遣した。

Ⅱ．2001年にアメリカで起きた**同時多発テロ**を受けて，日本は同年**テロ対策特別措置法**を制定した。この法にもとづき，海上自衛隊がインド洋へ派遣された。

Ⅲ．1990年のイラクによる**クウェート侵攻**に対して，翌1991年アメリカを主力とする多国籍軍がイラクを攻撃した（**湾岸戦争**）。戦争に参加できない立場である日本は，多国籍軍に対し多額の資金援助を行った。しかし，資金は出しても人は派遣しないという国際社会の批判を受け，湾岸戦争終結後，日本は機雷除去のため海上自衛隊の掃海部隊をペルシャ湾へ派遣した。

よって，**Ⅲ－Ⅰ－Ⅱ**の順となり，**⑤**が正解。

実戦問題

試作問題

解答時間 60 分
配点 100 点

歴史総合　サンプル問題

歴史総合，日本史探究

（解答番号　1　～　34　）

第１問　歴史総合の授業で，「人やモノの移動とその影響」という主題を設定し，環太平洋地域を取り上げて，各班で発表をまとめた。二つの班の発表について述べた次の文章Ａ・Ｂを読み，後の問い（問１～９）に答えよ。（資料には，省略したり，改めたりしたところがある。）（配点　25）

Ａ　上原さんの班は，19 世紀の交通革命による世界の一体化の進行に関心を持ち，太平洋がそれとどう関わったかに着目して，調べたことを**パネル 1** にまとめた。

パネル１

◇**交通革命とは何か**

・主に 1850 年代から 1870 年代にかけて進行した，世界の陸上・海上の交通体系の一大変革を指す。

・船舶・鉄道など交通手段の技術革新と，新しい交通路の開発とによって，移動の時間・距離の大幅な短縮と定期的・安定的な移動・輸送の確立とが実現した。

◇**海路における交通革命の主役＝蒸気船**

〈強み〉快速で，帆船と違って風向や海流などの自然条件に左右されにくい。

〈弱み〉燃料の　**ア**　の補給ができる寄港地が必要。

◇**交通革命と太平洋**

・18 世紀以来，ⓐ北太平洋には，欧米の船が海域の調査や物産の獲得，外交・通商の交渉などを目的として進出していた。しかし，19 世紀半ばまで，蒸気船を用いて太平洋を横断する定期的な交通は確立していなかった。

・ⓑアメリカ合衆国は，中国貿易の拡大を目指して太平洋への進出を図った。後の図１を見ると，代表的な貿易港である　**イ**　まで，アメリカ合衆国から蒸気船で最短距離で行くには，必ず日本周辺を経由することが分かる。ⓒアメリカ合衆国が，航路の安全を確保し，かつ蒸気船が往復の航海で必要とする　**ア**　を入手するためには，日本と関係を結ぶ必要があった。

図1　当時考えられていた太平洋横断航路

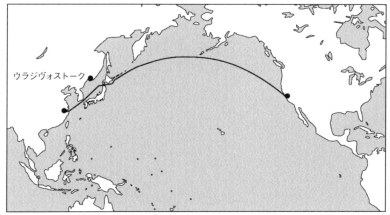

ウラジヴォストーク

→1867 年，日米間の太平洋横断定期航路が開設される。

まとめ：世界周回ルートの成立で，⒟1870 年代には世界の一体化が大きく進展。

問1　文章中の空欄　ア　に入る語句あ・いと，下線部ⓒを目的になされた出来事X～Zとの組合せとして正しいものを，後の①～⑥のうちから一つ選べ。

1

ア　に入る語句

あ　石　油　　　　い　石　炭

下線部ⓒを目的になされた出来事

X　モンロー教書（モンロー宣言）の発表

Y　日本に対するハル゠ノートの提示

Z　日米和親条約の締結

① あ ― X　　　　② あ ― Y　　　　③ あ ― Z
④ い ― X　　　　⑤ い ― Y　　　　⑥ い ― Z

問 2　下線部ⓐに関連して，上原さんの班は，ロシアがアロー戦争（第 2 次アヘン
　　　戦争）の際に清から沿海州を獲得して，そこに**図 1**中のウラジヴォストークを
　　　築いて拠点としたことを知り，ロシアの太平洋方面への進出に関する資料を集
　　　めた。ロシアによる**沿海州の獲得**時期と**資料 1・2**に書かれている内容とについ
　　　て，古いものから年代順に正しく配列したものを，後の**①**～**⑥**のうちから一つ
　　　選べ。　2

資料 1

> 一　今後，樺太全島はことごとくロシア帝国に属し，宗谷海峡を両国の境界とす
> 　る。
> 二　ロシア国皇帝陛下は，引き換えに千島列島の全ての権利を日本国皇帝陛下
> 　に譲り，今後は千島全島は日本に属する。

資料 2

> ロシアから使節が派遣されてきたのは，女帝エカチェリーナ 2 世の使節ラクス
> マンが遣わされ，幕府に漂流民を送り届けるために来航してきたことなどが始
> まりであった。

　　① 　資料 1 ― 資料 2 ― 沿海州の獲得

　　② 　資料 1 ― 沿海州の獲得 ― 資料 2

　　③ 　資料 2 ― 資料 1 ― 沿海州の獲得

　　④ 　資料 2 ― 沿海州の獲得 ― 資料 1

　　⑤ 　沿海州の獲得 ― 資料 1 ― 資料 2

　　⑥ 　沿海州の獲得 ― 資料 2 ― 資料 1

問3 上原さんの班は下線部⑥に興味を持ち，当時アメリカ合衆国政府を代表した軍人の報告書である**資料3**を見つけた。文章中の空欄　**イ**　に入る語句**あ・い**と，**パネル1**及び**資料3**から類推できる事柄**X・Y**との組合せとして正しいものを，後の①〜④のうちから一つ選べ。　3

資料3

> アメリカ合衆国とメキシコとの戦争終結の条約によって，カリフォルニア地方は合衆国に譲渡された。同地方が太平洋に面する地の利から，人々の関心は自然と商業分野の拡大に向けられた。（中略）もし，東アジアと西ヨーロッパとの間の最短の道が（この蒸気船時代に）アメリカ合衆国を横切るならば，わが大陸が，少なくともある程度は世界の交通路となるに違いないことは十分明白であった。

イ　に入る語句
あ　上　海　　　　**い**　広　州

パネル1及び資料3から類推できる事柄
X　アメリカ合衆国は，自国がヨーロッパから東アジアへの交通路になることを警戒している。
Y　アメリカ合衆国の見通しが実現するためには，大陸横断鉄道の建設と太平洋横断航路の開設との両方が必要である。

① あ ― X
② あ ― Y
③ い ― X
④ い ― Y

問 4　上原さんの班は，発表内容をさらに深めるため，下線部ⓓの内容に当てはまる歴史上の事柄について調べた。その事柄として最も適当なものを，次の①～④のうちから一つ選べ。　4

① ドルを基軸通貨とする国際通貨体制の成立

② 自由貿易のための世界貿易機関（WTO）の設立

③ ヨーロッパ各国の東インド会社が主導したアジア貿易

④ 海底電信ケーブルの敷設が進んだことによる通信網の拡大

B　佐藤さんの班は，環太平洋地域における人の移動に関心を持ち，沖縄県からの移民・出稼ぎがどのように広がっていったのかに着目して，調べたことを**パネル2～4**にまとめた。

パネル2

> **移民・出稼ぎの始まり**
>
> ・沖縄県からの海外移民は1899年のハワイ移民が最初。その後，中南米諸国や東南アジアなどへも広がった。
> ・第一次世界大戦後の不況で沖縄経済は大打撃を受け，移民が急増。その主要な行先は南洋諸島。大阪など本土への出稼ぎも急増した。
> ・沖縄からの移民先と重なるように，(e)大阪商船の定期航路が南北アメリカ大陸へも拡大。沖縄から大阪への定期航路は，1925年には大阪商船が独占した。

パネル3

> **太平洋戦争（アジア太平洋戦争）の影響**
>
> ・(f)移民先である南洋諸島や東南アジアが戦場となった。多くの沖縄県出身者が犠牲となったが，生き残った移民の多くは，戦後沖縄へと(g)引き揚げた。
> ・ハワイや中南米諸国への移民の多くは，そのまま現地にとどまった。
> ・本土への出稼ぎ者は，阪神間・京浜間などに集住地域を形成しており，定住する人たちも多かった。

パネル4

> **米軍による占領と新たな移民・集団就職**
>
> ・沖縄戦によって沖縄は日本本土と切り離され，米軍に占領された。(h)南洋諸島も，戦後アメリカ合衆国の統治下に置かれ，数々の核実験が実施された。その際，島民たちは自分たちの住む島から移住を強いられた。
> ・1950年代には，米軍が，占領下の沖縄で基地を拡張。強制的に土地を接収された人々の一部は，南米などに移民した。1960年代には，日本本土に向けて，日本復帰前の沖縄からも集団就職が実施された。

問 5　佐藤さんの班は, 海外への航路の拡大に興味を持ち, 下線部ⓔについて, 大
　　　阪商船の主な定期航路を時期別に示した**図 2**を見つけた。**図 2**について述べた
　　　文として最も適当なものを, 後の①〜④のうちから一つ選べ。　　5

図 2

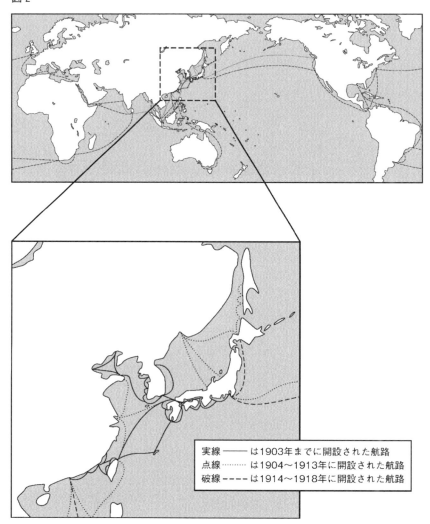

```
実線 ──── は1903年までに開設された航路
点線 ┈┈┈ は1904〜1913年に開設された航路
破線 ──── は1914〜1918年に開設された航路
```

① 1903 年までの定期航路は，当時の日本が領有していた植民地の範囲にとどまっていたと考えられる。

② 南樺太は，日本の領土となったので，定期航路に加えられたと考えられる。

③ 1913 年以前の中南米諸国への移民は，移民先まで定期航路を利用していたと考えられる。

④ 第一次世界大戦中にスエズ運河が開通したことによって，ヨーロッパまで定期航路を延ばしたと考えられる。

問 6　佐藤さんの班は，移民先となった地域の歴史にも興味を持った。下線部①の地域の歴史に関して述べた次の文**あ**・**い**について，その正誤の組合せとして正しいものを，後の①～④のうちから一つ選べ。　6

　あ　ドイツ領南洋諸島は，カイロ会談の結果，日本の委任統治領となった。
　い　フィリピンは，太平洋戦争が始まった時，アメリカ合衆国の植民地であった。

① **あ** ― 正　　**い** ― 正
② **あ** ― 正　　**い** ― 誤
③ **あ** ― 誤　　**い** ― 正
④ **あ** ― 誤　　**い** ― 誤

問 7　佐藤さんの班は，下線部⑧に関連する資料として，太平洋戦争（アジア太平洋戦争）後における，日本本土への国・地域別の復員・引揚げ者数をまとめた**表**を見つけた。この**表**について述べた文として**適当でないもの**を，後の①～④のうちから一つ選べ。　7

表　日本本土への国・地域別の復員・引揚げ者数（単位：千人）

国・地域	軍人・軍属の復員	民間人の引揚げ
ソ　連	454	19
満　洲	53	1,219
朝　鮮	207	713
中　国	1,044	497
台　湾	157	322
東南アジア	807	85
オーストラリア	130	8
沖　縄	57	12
総　計	3,107	3,190

（2015 年 3 月現在，厚生労働省まとめ）

（注）いずれの国・地域も，99.7％以上が 1956 年までに復員・引揚げを終えている。

（注）一部の国・地域を省略したため，各欄の合計と「総計」の数字とは一致しない。

① シベリアに抑留された者の復員数と，満洲・中国からの復員数を合わせると，復員数全体の 3 分の 2 を超えていることが読み取れる。

② 引揚げ者数が復員数を上回っている国・地域は，日本が植民地としたり事実上支配下に置いたりしたところであることが読み取れる。

③ 東南アジアからの復員が中国に次いで多いのは，太平洋戦争中に日本軍が占領したからであると考えられる。

④ 沖縄から日本本土への引揚げ者がいたのは，沖縄がアメリカ合衆国の軍政下に置かれたからであると考えられる。

問 8　下線部⑥に関連して，南洋諸島の一つであるマーシャル諸島では，戦後にアメリカ合衆国によって水爆実験が行われた。佐藤さんの班は，この実験をきっかけに科学者たちによって 1955 年に発表された「ラッセル=アインシュタイン宣言」にも興味を持った。その一部である**資料 4**から読み取れる事柄**あ〜え**について，正しいものの組合せを，後の①〜④のうちから一つ選べ。　8

資料 4

> 　そのような爆弾が地上近く，あるいは水中で爆発すれば，放射能を帯びた粒子が上空へ吹き上げられます。これらの粒子は死の灰や雨といった形で次第に落下し，地表に達します。日本の漁船員と彼らの漁獲物を汚染したのは，この灰でした。（中略）
>
> 　軍備の全般的削減の一環として核兵器を放棄するという合意は，最終的な解決に結び付くわけではありませんが，一定の重要な目的には役立つでしょう。
>
> 　第一に，緊張の緩和を目指すものであるならば何であれ，東西間の合意は有益です。第二に，核兵器の廃棄は，相手がそれを誠実に履行していると各々の陣営が信じるならば，真珠湾式の奇襲の恐怖を減じるでしょう。（中略）それゆえに私たちは，あくまで最初の一歩としてではありますが，そのような合意を歓迎します。

日本パグウォッシュ会議訳

あ　核の平和利用を推進していこうとする姿勢が読み取れる。

い　核兵器の放棄という合意が，軍備の全般的削減に役立つと考えていることが読み取れる。

う　第二次世界大戦の経験を基に，対立する相手陣営側の核兵器の廃棄を一方的に先行させようとする姿勢が読み取れる。

え　第五福竜丸の被曝（ひばく）を，事例として取り上げていることが読み取れる。

①　あ・う　　　②　あ・え　　　③　い・う　　　④　い・え

問9　上原さんの班と佐藤さんの班は，環太平洋地域における人やモノの移動とその影響についての発表を踏まえ，これまでの授業で取り上げられた観点に基づいて，さらに探究するための課題を考えた。課題**あ・い**と，それぞれについて探究するために最も適当と考えられる資料W～Zとの組合せとして正しいものを，後の①～④のうちから一つ選べ。 ┃ 9 ┃

さらに探究するための課題

あ　自由と制限の観点から，第二次世界大戦後における太平洋をまたいだ経済の結び付きと社会への影響について探究したい。

い　統合と分化の観点から，海外に移住した沖縄県出身者と移住先の社会との関係について探究したい。

探究するために最も適当と考えられる資料

W　アメリカ合衆国における，日本からの自動車輸入台数の推移を示した統計と，それを批判的に報じたアメリカ合衆国の新聞の記事

X　アジア太平洋経済協力会議（APEC）の参加国の一覧と，その各国の1人当たりGDPを示した統計

Y　沖縄県出身者が海外に移住する際に利用した主な交通手段と，移住に掛かった費用についてのデータ

Z　移民が移住先の国籍を取得する条件と，実際に移住先で国籍を取得した沖縄県出身者の概数

① あ ― W　　い ― Y
② あ ― W　　い ― Z
③ あ ― X　　い ― Y
④ あ ― X　　い ― Z

第2問　次の文章は,学びの歴史に関する大学生によるオンライン上の会話である。この文章を読み,後の問い(**問1〜5**)に答えよ。(資料には,省略したり,改めたりしたところがある。)(配点　15)

ひ　ろ：自宅でデジタル図書館を利用したり,海外の大学の講義も受けられる時代になったけど,学びのあり方には時代ごとの特徴がありそうだね。

さ　と：そうだね。「国立国会図書館デジタルコレクション」で「湯島聖堂の図」を見つけたよ。そこに**資料1**のような説明書きが添えられていた。

ひ　ろ：ⓐ**資料1**の筆者がそれまでの学問の歴史をどのように振り返ったのかが読み取れるね。でも,この湯島聖堂に設立された昌平坂学問所で学べたのは,武士に限られていたよ。

さ　と：**資料1**の波線部の奨学院・勧学院は,大学で学ぶ人たちのための施設だけど,この時代の大学への入学資格は,ほぼ貴族の子弟に限られていたね。でも,ⓑ上級貴族の子弟はほとんど入学せず,大学は下級官僚の養成機関になったみたい。

ひ　ろ：大学という呼称は同じでも,「国立公文書館デジタルアーカイブ」で見つけた**資料2**は別の時代の大学だね。

さ　と：**資料1**が作られた後,　　**ア**　　によって西洋の学問が学びやすくなった。**資料2**は,欧米の制度を参考にして高等教育の充実を目指すようになった時代のものだよね。

ひ　ろ：**資料2**からは,当時の政府が大学設置に込めた意味が読み取れて興味深いよ。その後の学問と,国家や社会との関わり方について見てみると,第二次世界大戦の反省を踏まえて　　**イ**　　が戦後に発足している。

さ　と：一方で,一般の人々の学びについて考える場合は,**資料3**の時代から**資料4**の時代までの間の変化は大事かもね。**資料3**からは,集まった人々が僧侶の講釈を聴いて仏教的な教養を学ぶ様子が見て取れ,**資料4**では,小学生が単に聴くだけではない学びをしている様子が見て取れる。

ひ　ろ：学問の進展と人々の学びの変化には,どのような関係があるのかな?

問1　下線部ⓐに関して**資料1**から読み取れる次の事柄**あ～え**について，正しいものの組合せを，後の①～④のうちから一つ選べ。　10

資料1　湯島聖堂を描いた図にある説明書き（大意）

> 文武天皇の時に至ってますます聖賢を崇め，初めて釈奠^(注1)を行ったので，延喜・天暦の世に及んで学問がないところはなかった。（その後，年月が経過すると）奨学院・勧学院・足利の読書堂^(注2)，その名を知る者は希となった。北条氏が天下に執権すると，文庫を金沢に建てて儒仏の書を収蔵したが，（中略）十世にならずしてその権を失い，文庫もまた無くなった。今や治教が立派になり，儒学の道は将軍とともに，この学問を助けている。ここに聖堂を建てるのは，実に一人の心は千万人の心である。将軍が儒学の古典を大切にし，人々もまたその教えを学ぶ。どうして我が国の幸いでないことがあろうか。
>
> （注1）釈奠：孔子を祭る行事。　　（注2）足利の読書堂：足利学校のこと。

　　あ　筆者は，湯島聖堂の建立を歓迎している。
　　い　筆者は，金沢文庫の消滅後に足利学校ができたと考えている。
　　う　筆者は，江戸幕府が儒学を重んじていることを述べている。
　　え　筆者は，院政期から江戸時代末までの学問の盛衰について述べている。

　①　あ・う　　　②　あ・え　　　③　い・う　　　④　い・え

問2　下線部ⓑについて，上級貴族の子弟が大学に入学しなかった理由を述べた文として最も適当なものを，次の①～④のうちから一つ選べ。　11

　①　朝廷から大連などの氏姓を与えられて，身分を保障されていたから。
　②　蔭位の制によって，高い政治的地位とそれに伴う収入を得られたから。
　③　閑谷学校や懐徳堂などで，優れた学問を学べるようになったから。
　④　文官任用令の自由任用制によって，高級官吏になることができたから。

問3　資料2から読み取れることを述べた文として**誤っているもの**を，後の①〜④のうちから一つ選べ。　12

資料2　「台北帝国大学官制ヲ定ム」に付された理由書

> 台湾は，これら東洋・南洋・太平洋方面の学術研究に最も便なる位置にある（中略）近時，台湾在住者は一般に向学心が大いに進み，その子弟に大学教育を受けさせる者が著しく増加する傾向がある。そうしてハワイや香港等は言うまでもなく，対岸中国の各地においてさえ少なくない大学を有するのに，独り台湾においてこれを有さないために，大学教育を受けようとする者は去って内地に赴き，または米国及び中国に行く者がだんだん多くなっている。（中略）本大学は帝国の学術的権威を樹立し，統治上の威信を確保しようとするために，既設官立総合大学の例により，これを帝国大学となすものとする。

（「台北帝国大学官制ヲ定ム」国立公文書館所蔵）

① 台湾在住者の間に，高度な教育を求める動きが高まっている。
② 台湾の地の利を生かして帝国大学を設置しようとしている。
③ 台湾から欧米や中国の大学への進学を，さらに促進しようとしている。
④ 学術研究拠点を設けることが，日本の台湾統治に有効である。

問4　文章中の空欄　ア　・　イ　に入る語句の組合せとして正しいものを，次の①〜④のうちから一つ選べ。　13

① ア ─ 奉書船制度の導入　　　　イ ─ 理化学研究所
② ア ─ 奉書船制度の導入　　　　イ ─ 日本学術会議
③ ア ─ 漢訳洋書輸入の禁の緩和　イ ─ 理化学研究所
④ ア ─ 漢訳洋書輸入の禁の緩和　イ ─ 日本学術会議

問5　資料3・資料4に関して述べた次の文**あ・い**について，その正誤の組合せとして正しいものを，後の①～④のうちから一つ選べ。　14

資料3　法然上人絵伝

（「法然上人絵伝（模本）　第34巻」東京国立博物館所蔵 Image: TNM Image Archives）

資料4　小学校の授業風景（大正期）

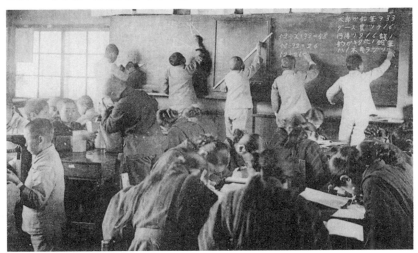

（福井県立歴史博物館所蔵，『福井県史　通史編5　近現代一』口絵）

あ　**資料3**と**資料4**では，学んでいる人々は特定の身分や性別に限定されていた。

い　**資料3**の時代から**資料4**の時代に至るまでに，庶民の間に読み書きや計算の能力が広まった。

① あ ― 正　　い ― 正　　② あ ― 正　　い ― 誤

③ あ ― 誤　　い ― 正　　④ あ ― 誤　　い ― 誤

第3問　修学旅行で藤原宮跡の資料館を訪れ，展示されていた木簡の解説シートを
もらった。そこで，旅行後の日本史探究の授業でグループ学習を行い，木簡を手掛
かりにして，前後の時代と比較した藤原京の時代の特徴について考察し，発表する
ことになった。アキラさん・ラナさん・カオリさんのグループは，次の**解説シート**
の木簡を担当した。これを読み，後の問い（**問1～4**）に答えよ。（配点　15）

解説シート

展示番号2　藤原宮跡出土木簡

【木簡に書かれている文字】

・（表）□於市□遣糸九十斤蝮王　猪使門
　　　　　　　〔沽カ〕

・（裏）□月三日大属従八位上津史岡万呂

　　（注）□は欠損により読めない文字，〔沽カ〕は墨の跡により「沽」と推定されることを示す。

【解説】

　「沽」は「売る」という意味であり，この木簡は，ある月の3日に，ある役所
の大属（役所に属（主典）が複数いる場合，その上位の者）であった津史岡
万呂という人物が，市において糸90斤（約54kg）を売るように担当者に指示し
たものと推測される。奈良時代の古文書によれば，役所が市で必要なものを調達
していたことが分かるので，この場合も，糸を売却して他の物品を入手していた
のだろう。年の記載がないが，官職と位階の表記から，この木簡は大宝令の施行
後に書かれたものであることが分かる。大宝令では，京に官営の市が設けられ，
市司がそれを監督した。
　「蝮王」は門の名で，蝮王門と猪使門はいずれも藤原宮の門である。
おそらく担当者はこれらの門を通って藤原宮内の役所から糸を運び出し，京内
の市で売ったのであろう。

（「藤原宮木簡一　解説」奈良文化財研究所所蔵より作成）

問 1 　発表の準備のために，アキラさんは次のような**図**と**メモ**を用意した。これら
　　　に関して述べた後の文**あ・い**について，その正誤の組合せとして正しいものを，
　　　後の①～④のうちから一つ選べ。　| 15 |

図　古代の都城と交通路

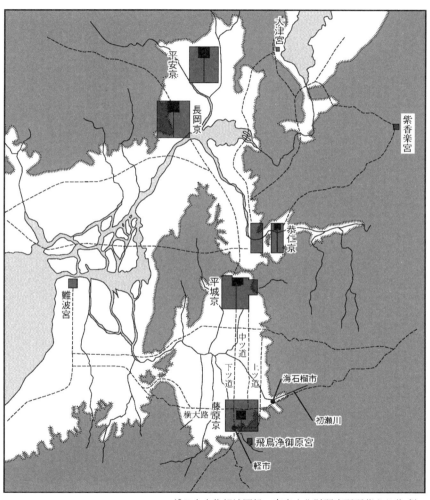

（「日中古代都城図録」奈良文化財研究所所蔵より作成）

アキラさんのメモ

【調べたこと】

藤原京の前後の時代には，物品の売買や流通はどうなっていたのか。

・飛鳥の近郊には，藤原京が造られる前から上ツ道・中ツ道・下ツ道・横大路
  という道があり，それらの道沿いに海石榴市・軽市などがあった。
・難波宮の近隣には難波津があり，西日本を中心に，時には中国大陸・朝鮮半
  島からも物品が集まった。

【疑問点】

物品の売買・流通と交通路はどのように関わるのか。また，藤原京はなぜこの
場所に造営されたのだろうか。

あ　海石榴市の近くを流れる初瀬川は，難波宮方面へ通じている。

い　藤原京と平安京とでは，水運に利用される河川の水系が異なっている。

① あ ― 正　　い ― 正　　　② あ ― 正　　い ― 誤
③ あ ― 誤　　い ― 正　　　④ あ ― 誤　　い ― 誤

問2　発表の準備のために，ラナさんは次のようなメモを作成した。このメモを読
　　み，後の問い(1)・(2)に答えよ。

ラナさんのメモ

【調べたこと】

解説シートにある津史岡万呂は，どのような人物だったのか。

・津氏は百済からの渡来人を先祖とする氏族。⒜百済からは，古墳時代以来，
  多くの人々が日本列島にやって来た。
・史は，文筆を掌った渡来系の氏族に与えられた姓。
・藤原京時代の役所では，木簡や紙の文書が仕事で多用されたため，岡万呂の
  ような文筆の才能がある渡来人の子孫が役人になり，糸などの物品の管理を
  していたのだろう。

【疑問点】

渡来人の子孫は，どのような経緯で律令制下に役人として活躍するようになったのか。また，この役所の糸は，どのような経緯で藤原京にもたらされ，この役所は，糸を売る代わりに何を入手していたのだろうか。

(1)　ラナさんは，渡来人やその子孫について考えるため，下線部ⓐについて，さらに調べてみた。下線部ⓐに関して述べた次の文Ⅰ～Ⅲについて，古いものから年代順に正しく配列したものを，後の①～⑥のうちから一つ選べ。　　16

Ⅰ　白村江の戦いの後，百済の亡命貴族の指導により朝鮮式山城が築かれた。
Ⅱ　百済から五経博士が渡来し，儒教を伝えた。
Ⅲ　飛鳥寺の建立には，百済が派遣した技術者が参加した。

① Ⅰ － Ⅱ － Ⅲ　　② Ⅰ － Ⅲ － Ⅱ　　③ Ⅱ － Ⅰ － Ⅲ
④ Ⅱ － Ⅲ － Ⅰ　　⑤ Ⅲ － Ⅰ － Ⅱ　　⑥ Ⅲ － Ⅱ － Ⅰ

(2)　ラナさんたちは，この木簡に見える糸の売買について，**解説シート**を基に話し合い，意見を出し合った。次の意見**あ～え**について，最も適当なものの組合せを，後の①～④のうちから一つ選べ。　　17

あ　この糸は，部民制によって諸国から藤原京に運ばれたのだろう。
い　この糸は，大宝令制によって諸国から藤原京に運ばれたのだろう。
う　役所で仕事に用いる紙や墨を入手するため，市で糸を売ったのだろう。
え　役人に支給するための明銭を入手するため，市で糸を売ったのだろう。

① あ・う　　② あ・え　　③ い・う　　④ い・え

問3　発表の準備のために，カオリさんは次のような**メモ**を用意した。カオリさん
　　は，疑問点について，後の**あ・い**の事柄から考えてみることにした。**あ・い**と，
　　それぞれに関連する文W〜Zとの組合せとして正しいものを，後の①〜④のう
　　ちから一つ選べ。　18

カオリさんのメモ

【調べたこと】
蝦王門・猪使門は，藤原宮のどこにあったのか。

・これらの門は，門の名の類似から，それぞれ平安宮の北側にあった「達智門」
　「偉鑒門」に相当するので，藤原宮の北側にあったと推定できる。

・平安宮の門の名は，嵯峨天皇の時に唐風に改められた。また嵯峨天皇は，天
　皇の権威を強化するため，宮廷の儀式を唐風の儀礼に基づいて整えた。

【疑問点】
藤原京の時代以降の唐風化の進展はどのようなものだったのか。

事　柄

あ　橘逸勢は，平安宮の門に掲げられた門の名を記した額を書いたとされる。

い　外国使節を接待するための鴻臚館が平安京に設けられていた。

関連する文

W　唐風の書が広まり，後に三筆と称される能書家が登場した。

X　平安宮の門は，唐から伝わった大仏様の建築様式で建てられた。

Y　渤海から使節がたびたび来日し，使節を迎える場で貴族が漢詩を作った。

Z　高句麗から使節がたびたび来日し，使節を迎える場で貴族が漢詩を作った。

① あ ― W　　い ― Y　　　② あ ― W　　い ― Z

③ あ ― X　　い ― Y　　　④ あ ― X　　い ― Z

問 4　アキラさんたちは，考察した内容を**ポスター**にまとめて発表することにしたが，事前に内容を確認したところ，誤っている部分が見つかった。発表の内容として**誤っているもの**を，**ポスター**内の下線部①〜④のうちから一つ選べ。
　　　19

ポスター

◎前後の時代と比較した藤原京の時代の特徴
　　⇒律令制の施行により，中央集権的な国家の建設が進んだ時代

● 都城の立地について【前掲の図参照】
　藤原京は，幹線道路や河川が利用できる交通の要地を選んで造営されている。①交通の要地を選んだ点は，藤原京の後に造営された平城京・長岡京・平安京にも共通する。

● 商品の流通について
　藤原京には官営の市が設けられ，役所も市で必要なものを入手した。②官営の市で売買される商品は，鎌倉時代の定期市とは異なり，運脚と呼ばれる輸送業者が各地から運んできた。

● 渡来人について
　③朝鮮半島などから多くの人が渡来し，先進的な文化が伝えられてきたが，渡来人が持つ高度な知識や技術は伝承され，その子孫たちは藤原京の時代にも政務の運営に貢献した。

● 中国文化の影響について
　④藤原京は，中国の都城制に倣って造営された都であった。平安時代初期には一段と唐風化が進み，天皇の権威を強化するため，中国的な宮廷儀式の整備が進んだ。

第4問　日本史探究の授業で，中世社会における様々な権力と，それらによる対立・紛争の解決方法について，A班とB班に分かれて，資料を基に追究した。次の文章A・Bを読み，後の問い（問1～5）に答えよ。（資料には，省略したり，改めたりしたところがある。）（配点　15）

A　A班では，授業での発表に向けて，中世における新しい権力の登場を示す資料や，対立・紛争の解決方法に関わる資料を準備し，班内で話し合った。

資料1　『天狗草紙』

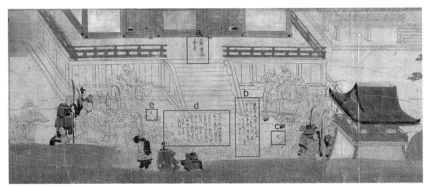

（「天狗草紙」東京国立博物館所蔵より作成 Image: TNM Image Archives）

資料2　御成敗式目 23 条

一　女人養子の事

　　右，法意^{（注1）}の如くんば之を許さずと雖も，大将家の御時以来，当世に至るまで，其の子無きの女人ら，所領を養子に譲与する事，不易^{（注2）}の法，勝計すべからず^{（注3）}。加之，都鄙の例，先蹤^{（注4）}惟れ多し。評議の処，尤も信用に足るか。

（注1）法意：朝廷の法律家による法解釈。　　（注2）不易：変わらないこと。
（注3）勝計すべからず：数え切れない。　　（注4）先蹤：先例。

資料3　北条泰時書状

　　この式目はただ仮名を知れる者の世間に多く候如く，あまねく人に心得やすからせんために，武家の人へのはからひのためばかりに候。これによりて京都の御沙汰，律令のおきて 聊 もあらたまるべきにあらず候也。

高　木：**資料1**は，鎌倉時代の絵だよ。 a の部分に，比叡山延暦寺の僧侶たちによる合議の場面であると書いてあるね。

井　澤：覆面姿で，輪を作って集まっているね。 鎧 や 甲 を身に着けた人たちもいる。まさに， ア と呼ばれる人たちを描いた絵なんだね。

菊　田： b の部分では，自分たち延暦寺と対等の立場に立とうとしている園城寺を非難しているよ。

高　木： d の部分では，「私たちの山は，仏法が栄えている地勢の優れた地であり， イ の霊場です。」と言っているね。そして，訴訟の際には道理によらないことを主張しても認められるとして，「もし朝廷の判決が滞った場合には，神輿を内裏周辺まで担ぎ込もう」と言っているよ。

菊　田： c と e の部分では， b や d の意見に賛成して「 尤 」と言っている。

井　澤：訴訟の準備の様子を描いた絵なんだね。自分たちの寺を国家の安泰を祈る「 イ の霊場」と述べている点に，古代との連続性を感じるよ。

菊　田：それでも， d のような主張をしている点は，中世ならではの新しい動きだよね。僧侶の中に， ア のような武装した人々が含まれているところも，中世ならではだと思うよ。

高　木：中世ならではの新しい動きといえば，私が見つけてきた**資料2**も，武家が新たに法を定めていることを示している点で重要だと思うよ。

井　澤：でも，冒頭部分に，わざわざ朝廷の法律家の解釈に配慮するような文章があるのは，少し気になるなあ。

高　木：なので，幕府の法令がどのような方針で定められたのかを考えるために，もう一つ，**資料3**を用意してみたよ。

菊　田：中世の法や訴訟を取り巻く環境は，なかなか複雑なんだね。発表するときは，教室のみんなが混乱しないよう整理して発表しよう。

問1　文章中の空欄　ア ・ イ　に入る語句の組合せとして正しいものを，次の①～④のうちから一つ選べ。20

① ア ― 僧　兵　　　イ ― 鎮護国家
② ア ― 僧　兵　　　イ ― 立正安国
③ ア ― 法華宗徒　　イ ― 鎮護国家
④ ア ― 法華宗徒　　イ ― 立正安国

問2　資料2に関して説明した次の文あ～えについて，正しいものの組合せを，後の①～④のうちから一つ選べ。21

あ　朝廷が定めていた法の内容を，幕府の法として制定した。
い　朝廷が定めていた法とは異なる内容を，幕府の法として制定した。
う　女性が養子を取って所領を譲る先例はなかった。
え　子供のいない女性が養子を取り，その養子に所領を譲ることを認めた。

① あ・う　　　② あ・え　　　③ い・う　　　④ い・え

問3　資料1～3に関連して，新しい権力が台頭した中世社会のあり方について述べた文として誤っているものを，次の①～④のうちから一つ選べ。22

①　寺院が朝廷に対し訴訟をする際には，強訴も行われたため，朝廷は，武士の力を借りてこれに対応した。
②　鎌倉幕府成立後も，幕府に属さない武士が公家に組織されていたり，武装した僧侶が寺院に組織されていたりした。
③　鎌倉幕府が御成敗式目を定めたことによって，律令をはじめとする朝廷の法は効力を失い，朝廷が裁判を行うこともなくなった。
④　荘園支配をめぐって地頭と争う際には，公家や寺社などの荘園領主も鎌倉幕府に訴訟を提起した。

B　B班では，人々が対立・紛争を解決し秩序を構築するためにどのようなことを行ったかについて発表するため，資料を集めて先生に相談した。

　　資料4　1373年5月6日　松浦党一揆契状写
　　　一　この一揆の構成員の中で所領支配に関する合戦を始めとする紛争が発生した時は，話し合いを行い，賛同者の多い意見によって取り計らう。
　　　一　この一揆の構成員の中で裁判を行う時は，兄弟・叔父甥・縁者・他人にかかわらず，道理・非儀についての意見を率直に述べるべきである。

先　生：みなさんが見つけてきた資料は，多くの人々が紛争の解決や秩序の構築のための方法について取り決め，それを守ることを連名で誓約した文書ですね。

鈴　木：**資料4**はⓐ国人の一揆が作成したものです。国人は居住している所領の支配を強化した武士で，鎌倉時代の地頭の子孫も多く含まれていました。戦国時代の資料には，紛争解決について「同輩中での喧嘩については，殿様の御下知・御裁判に違背してはならない」と記されたものもありました。

鄭　　：**資料4**も戦国時代の資料も同じように多くの人々が紛争の解決方法について誓約していますが，南北朝時代と戦国時代とでは，紛争解決の方法が変化しているようです。権力のあり方が変化しているのではないかと思います。

先　生：時代の変化が捉えられそうですね。実際の紛争解決の事例も探してみるとよいと思います。

問4　資料4及び下線部@に関して説明した次の文**あ**～**え**について，正しいものの組合せを，後の①～④のうちから一つ選べ。　23

> **あ**　国人の一揆は自立性が強く，守護の支配に抵抗することもあった。
> **い**　一揆内部での話し合いの結論は，年長者の意見によって決定された。
> **う**　構成員間での紛争は，一揆外部の権力に依存して解決しようとした。
> **え**　裁判の際は，個人的な人間関係によらない公正な態度が求められた。

① あ・う　　　② あ・え　　　③ い・う　　　④ い・え

問5　B班ではさらに調査を行い，中世後半から近世への権力の変化についてまとめた。そのまとめの文章として**誤っているもの**を，次の①～④のうちから一つ選べ。　24

① 戦国大名の中には，法を定めて，当事者同士の私闘による紛争解決を禁止しようとするものも現れた。

② 戦国大名は，国力を増し軍事力を強化するため，領国内の産業の発展に努めた。

③ 全国の統一を進めた織豊政権は，戦国大名だけでなく，寺社勢力をも従えていった。

④ 戦国大名がキリスト教を警戒して海外との交流を禁じたことが，江戸時代のキリスト教禁止につながっていった。

第5問　日本史探究の授業で，江戸時代の政治や社会について考察することとなった。そこで青山さんと内藤さんは，幕府の直轄都市である大坂を事例に発表することにした。このことに関連する後の問い（**問1〜5**）に答えよ。（資料は，省略したり，改めたりしたところがある。）（配点　15）

問1　青山さんは，当時の大坂を理解する手掛かりとして人口の問題に興味を持ち，発表の準備のために**表**と**メモ1**を用意した。**メモ1**中の空欄　　**ア**　　に入る文**あ・い**と，空欄　　**イ**　　に入るものとして適当な文**X・Y**との組合せとして正しいものを，後の①〜④のうちから一つ選べ。　25

表　大坂菊屋町の住民の人数　　　　　　　　　　　　　　　　　（単位：人）

年	a 地主・家持	b 地借・借家	c 奉公人	d 住民全体（a＋b＋c）
寛永 16　（1639）	49	39	7	95
寛文元　（1661）	48	86	16	150
天和 2　（1682）	73	246	86	405
正徳 3　（1713）	68	513	129	710
享保 18　（1733）	66	432	118	616
宝暦 5　（1755）	83	401	152	636
天明元　（1781）	41	413	101	555
寛政 12　（1800）	33	429	146	608
文政 2　（1819）	35	380	182	597
天保 12　（1841）	28	363	178	569
慶応 2　（1866）	44	305	167	516

（『大坂菊屋町宗旨人別帳』より作成）

メモ1

【調べたこと】

・江戸時代の都市は，人々が居住する多数の町により構成されていた。

・それぞれの町には，a 自分の持っている土地・家屋に住む地主・家持（とその家族），b 借りた土地や家屋に住んでいる地借・借家（とその家族），c 地主・家持や地借・借家のもとに住み込みで働く奉公人，の3種類の住民がいた。

・表は，都市大坂を構成する町の一つである菊屋町の住民について，a・b・c及びd住民全体（a＋b＋c）の人数をおおむね20～30年ごとに整理したもの。

【表から分かること】

・　　ア　　。

・dの人数の増加率は1661～1682年の期間が最も高く，この期間にdの人数は2.7倍に増えている。

【考えたこと】

・1661～1682年の期間にdの人数の増加率が最も高い背景としては，　　イ　　，大坂の経済が発展したことがあるのではないか。

　　ア　　に入る文

あ　dの人数が，17世紀に増加し，18世紀初頭にピークを迎える

い　dの人数に占めるaの人数の割合は，18世紀初頭にピークを迎える

　　イ　　に入る文

X　田沼意次が商業や商品生産を活発にするために積極的な政策を行い

Y　西廻り航路を河村瑞賢が整備し，全国の物資が集まるようになって

① あ － X　　② あ － Y　　③ い － X　　④ い － Y

問 2　青山さんは，大坂の歴史を調べるうち，幕府から住民に様々な法令が出され ていることを知った。そこで 1735 年に出された法令（**資料 1**）を取り上げ，そ の内容を読み解いた。これについて述べた文として最も適当なものを，後の ① 〜 ④ のうちから一つ選べ。　 26

資料 1

　　米値段次第に下値 ^(注 1) にあい成り，武家ならびに百姓難儀の事にて，町人・ 諸職人等に至るまで商い薄く，かせぎ事これなく，世間一統の困窮におよび候 あいだ ^(注 2)，当冬より江戸・大坂米屋ども，諸国払い米 ^(注 3)，（中略）大 坂は米一石につき銀四十二匁以上に買い請け申すべく候。

　（注 1）下値：安い値段。

　（注 2）あいだ：〜ので。〜ゆえ。

　（注 3）払い米：領主が売り払う米。

① この法令は，徳川家光が将軍であった時期に出されている。

② 大坂では米の価格を主に金貨の単位で表した。

③ この法令は，諸国からの米を大坂の米屋が購入する際の価格の上限を定め ている。

④ 武士は米（石高）を基準に収入を得るため，米価が下落すると生活が苦し くなる。

問 3　青山さんは，大坂とその周辺地域の名所・旧跡などを解説した 1796〜1798 年 刊行の『摂津名所図会』を図書館で見つけたが，そこには大坂の港の風景を描 いた挿絵（**資料 2**）が収められていた。そこで青山さんは，**資料 2** について調 べ，**メモ 2** を作成した。**メモ 2** 中の空欄 　ウ　・　エ　 に入る語句の組合 せとして正しいものを，後の ①〜⑥ のうちから一つ選べ。　 27

資料2　大坂の港の風景を描いた『摂津名所図会』の挿絵

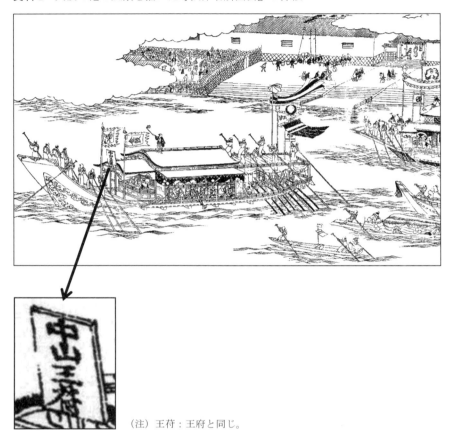

（注）王符：王府と同じ。

メモ2

　資料2は，西日本の諸大名などが船の乗り降りをした大坂の港の風景である。ここでは，将軍のもとへ派遣された　ウ　の使節の乗る船が大坂の港に到着し，それを見物しようとしたと思われる多くの人々が集まっている。また，船の正面に掲げられた額には，使節がどこから派遣されたかが記されている。

　大坂に到着した　ウ　の使節は，1609年以来支配を受ける　エ　藩の役人に先導され，東海道などを通って江戸に向かった。

① ウ ― 清　　　エ ― 対 馬

② ウ ― 清　　　エ ― 薩 摩

③ ウ ― 朝 鮮　　エ ― 福 岡

④ ウ ― 朝 鮮　　エ ― 対 馬

⑤ ウ ― 琉 球　　エ ― 薩 摩

⑥ ウ ― 琉 球　　エ ― 福 岡

問 4　内藤さんは，大塩平八郎らが大坂で蜂起した事件（大塩の乱）に着目した。大塩は蜂起に先立って，自らの考えを広く知らせる文書を大坂近郊の村々などへ配っていた。内藤さんは，この文書に見える大塩の主張の一部を**メモ 3**にまとめた。**メモ 3**の内容や事件の経過・背景について述べた文として最も適当なものを，後の①～④のうちから一つ選べ。　28

メモ 3

・現在，米の値段がますます高くなっている。

・大坂町奉行やその部下の役人らが自分勝手な政治を行い，江戸へは廻米を行うのに，「天子」が所在する京都へは廻米をしていない。また，大坂にごくわずかな米を買いに来た者も捕まえている。

・このたび，志のある者らと申し合わせて，民衆を苦しめている役人たちやぜいたくをしている大坂の金持ちの町人らを成敗する。

①　大塩の乱が起きた理由の一つは米価の高騰で，それは浅間山の大噴火と関係があった。

②　大塩平八郎は，大坂町奉行らが将軍のいる場所に廻米をしなかったことを批判している。

③　飢饉の際に，各地から大坂に持ち込まれた米の一部が，他の都市に輸送されることがあった。

④　大塩平八郎は，飢饉などによって苦しむ貧民を救済するため，将軍を討つことを目的として蜂起した。

問 5　内藤さんは, 大塩の乱について調べるなかで, 大塩平八郎が陽明学者であることを知った。そこで, 陽明学に関して調査を進め, ノートに書き出した。その内容を記した次の文**あ〜え**について, 正しいものの組合せを, 後の①〜④のうちから一つ選べ。　29

あ　陽明学では, 知識と行為を一体のものとする知行合一説などから, 実践が重視された。

い　陽明学では, 日本古来の精神に立ち戻ることが重視され, 復古神道などが説かれた。

う　陽明学者である熊沢蕃山は, 幕政批判とも捉えられるような内容を含む『大学或問』を著し, 処罰された。

え　陽明学者である熊沢蕃山は, モリソン号事件の対応など, 幕府の対外政策を批判した『慎機論』を著し, 処罰された。

①　**あ・う**　　　②　**あ・え**　　　③　**い・う**　　　④　**い・え**

第 6 問　レイさんは，日本史探究の授業で地域の資料を通して日本の近現代史を学び，関東地方の α 市の郷土博物館を訪ねてみた。その郷土博物館での展示や解説などに関連する後の問い（問 1〜5）に答えよ。（資料は，省略したり，改めたりしたところがある。）（配点　15）

問 1　レイさんが「明治維新」の展示室に入ると，出征兵士の手紙が展示され，手紙の要旨を記した**パネル 1** とその**解説文 1** が置かれていた。**パネル 1** と**解説文 1** に関連して述べた文として**誤っているもの**を，後の①〜④のうちから一つ選べ。　30　．

パネル 1

> 九州の延岡より一里先にて八月十五日戦い，ついに私も負傷いたし，八月二十日大阪府の陸軍臨時病院十番舎に入り，養生致し居り候。追々宜しきようにも御座候あいだ，決してご心配下さるまじく候。

解説文 1

> 　この手紙は，西南戦争の際に，東京の歩兵第一連隊に所属した農家の青年が，現在の α 市にある故郷の実家に送ったものであり，封筒には切手が貼られ消印が押されている。なお，西南戦争を最後に士族反乱は収まった。

① 西南戦争には，士族・平民の区別なく徴兵された軍隊が政府軍として投入された。

② α 市の郷土博物館は，「明治維新」の範囲を廃藩置県までと考えていることが分かる。

③ 戦地や入院先からの兵士の手紙は，飛脚に代わって成立した官営の郵便制度により兵士の家に届けられた。

④ α 市の郷土博物館は，大久保利通の暗殺事件を「士族反乱」と考えていないことが分かる。

問2　現在のα市は，1889年の町村制施行でできたα町と周辺の村々が合併して生まれた。レイさんは，これらの町村の財政で，1920年代半ばまで教育費が最も高い割合を占め，おおむね増加し続けていたことに関心を持った。町村制施行から1920年代半ばまでの間に町村の教育費が増加した理由と考えられる文として最も適当なものを，次の①〜④のうちから一つ選べ。 31

① 義務教育の就学率が上昇し，その期間が6年間に延長された。

② 学校教育法に基づき，各町村に新制中学校が設立された。

③ 大学令が制定され，私立の大学の設置が認められた。

④ 忠君愛国を説く教育勅語が発布された。

問3　レイさんは，α市でも1918年に米騒動が起きたことを知った。そこでレイさんが博物館の学芸員に尋ねたところ，植民地を除く日本国内（内地）での米の供給量を示した表を渡された。表から読み取れる内容やこの米騒動について述べた後の文あ〜えについて，正しいものの組合せを，後の①〜④のうちから一つ選べ。 32

表　内地における米供給量の変化　　　　　　　　　（単位：万石）

年度	前年度持越量	内地米産出量	植民地からの移入量	外国からの輸入量	総供給量
1914	299	5,026	184	247	5,756
1915	585	5,701	257	52	6,594
1916	624	5,592	214	29	6,459
1917	581	5,845	198	52	6,677
1918	447	5,457	287	366	6,558
1919	236	5,470	407	543	6,656
1920	416	6,082	232	75	6,805
1921	551	6,321	394	82	7,347
1922	816	5,518	388	379	7,101
1923	731	6,069	459	162	7,421

（『米穀要覧』より作成）

（注）総供給量は，前年度持越量，内地米産出量，植民地からの移入量，外国からの輸入量の合計である。四捨五入のため，必ずしも合計が総供給量と一致しない。

あ　1914 年度よりも 1923 年度の総供給量が増加したのは，植民地からの移入量が増えたことが最大の要因である。

い　1918 年度は，前年度より内地米産出量が減少したが，植民地からの移入量と外国からの輸入量の合計が，前年度のそれの 2 倍以上に増えた。

う　大戦景気により工業が発展し，工業労働者数が増えたために米の購買層が増加したことが，米騒動の要因の一つである。

え　山東出兵を見越した米の投機や買い占めにより，米価が高騰したことが，米騒動の要因の一つである。

① あ・う　　　② あ・え　　　③ い・う　　　④ い・え

問 4　第二次世界大戦直後の写真である**パネル 2** と，**解説文 2** についてのレイさんの疑問**あ・い**を検証したい。**あ・い**と，それぞれについて検証するために最も適当と考えられる方法**W ～ Z** との組合せとして正しいものを，後の①～④のうちから一つ選べ。　33

パネル 2

(National Archives photo no. 111-SC-215790)

解説文2

> 　α市内を撮影した写真。背景には戦争で焼けたビルが見える。中央は占領軍の憲兵。丸太を運んでいる様子もうかがわれる。

疑　問

あ　向かって右端の人は日本の警察官で，占領軍の憲兵と協力して交通整理をしている。二人が同時にこれに従事しているのはなぜだろうか。

い　向かって左端の人は運搬に従事している。どうしてこのような手段で，なぜ丸太を運んでいるのだろうか。

最も適当と考えられる方法

W　マッカーサーを中心として実施された統治のあり方を，α市の実態に即して具体的に調べてみる。

X　日本の防衛に寄与するとされた条約に基づく，日米行政協定の実施のあり方を，α市の実態に即して具体的に調べてみる。

Y　当時，道路の舗装がどの程度行われていたか，α市とその周辺で公職追放がどの程度行われたかを調べてみる。

Z　当時，トラックなどの車両がどの程度使用されていたか，α市とその周辺の空襲による被害はどの程度だったかを調べてみる。

① あ — W　　い — Y　　② あ — W　　い — Z
③ あ — X　　い — Y　　④ あ — X　　い — Z

問5　レイさんは博物館でα市の産業史の展示を見た。その後，図書館に行き，書籍と展示のメモを見ながら，三つの時期について，世界経済と国内産業の状況がα市に及ぼした影響を**模式図**にまとめてみた。空欄　ア・イ　に入る文あ～う，空欄　ウ　に入る文X・Yの組合せとして正しいものを，後の①～⑥のうちから一つ選べ。　34

模式図

	世界経済と国内産業の状況	α市の出来事
1900年代	ア	生産された物資を貿易港まで運ぶ鉄道が開通した。
1930年代	恐慌でアメリカの消費が落ち込み，日本の輸出産品にも影響が出た。	ウ
1980年代	イ	絹織物工場の場所が，別の製品の工場として利用された。

ア ・ イ に入る文

あ　新興財閥が重化学工業に進出し，国内での生産や流通に影響が出た。

い　電気・電子製品の輸出が伸び，国内での生産や流通に影響が出た。

う　外貨獲得に有効な生糸の輸出が伸び，国内での生産や流通に影響が出た。

ウ に入る文

X　傾斜生産方式により，資源・資金が配分された。

Y　生糸の需要が減り，繭の価格が下落した。

① ア － あ　　イ － い　　ウ － X

② ア － あ　　イ － う　　ウ － Y

③ ア － い　　イ － う　　ウ － X

④ ア － い　　イ － あ　　ウ － Y

⑤ ア － う　　イ － あ　　ウ － X

⑥ ア － う　　イ － い　　ウ － Y

歴史総合, 日本史探究

問題番号 (配点)	設 問		解答番号	正 解	配 点	チェック
第1問 (25)	A	問1	1	⑥	3	
		問2	2	④	3	
		問3	3	②	3	
		問4	4	④	3	
	B	問5	5	②	2	
		問6	6	③	2	
		問7	7	①	3	
		問8	8	④	3	
		問9	9	②	3	
第2問 (15)		問1	10	①	3	
		問2	11	②	3	
		問3	12	③	3	
		問4	13	④	3	
		問5	14	③	3	
第3問 (15)		問1	15	①	3	
		問2	16	④	3	
			17	③	3	
		問3	18	①	3	
		問4	19	②	3	

問題番号 (配点)	設 問		解答番号	正 解	配 点	チェック
第4問 (15)	A	問1	20	①	3	
		問2	21	④	3	
		問3	22	③	3	
	B	問4	23	②	3	
		問5	24	④	3	
第5問 (15)		問1	25	②	3	
		問2	26	④	3	
		問3	27	⑤	3	
		問4	28	③	3	
		問5	29	①	3	
第6問 (15)		問1	30	②	3	
		問2	31	①	3	
		問3	32	③	3	
		問4	33	②	3	
		問5	34	⑥	3	

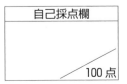

自己採点欄

100 点

● 正解・配点は, 大学入試センターから公表されたものをそのま
ま掲載しています。

第1問 —— 人やモノの移動とその影響

A 《19世紀の交通革命と環太平洋地域の一体化》

問1 ［1］　正解は⑥

パネル1をもとに第1次産業革命に関する知識を問うとともに，アメリカ合衆国（以下，アメリカと略す）が太平洋横断航路確立のためにとった対日外交政策を考察させる問題である。

空欄アに入る語句（蒸気船の燃料）

あ．**不適**。い．**適当**。交通革命期の蒸気船の燃料は石炭である。18世紀後半，ワット（英）が蒸気機関を実用化し，これを動力源として産業革命が進展した。交通・輸送面では，19世紀前半にフルトン（米）が蒸気船を，スティーヴンソン（英）が蒸気機関車を実用化した。船の燃料が石油（重油）に転換するのは，19世紀末にディーゼル機関が発明された後，20世紀に入ってからである。

出来事（アメリカの対日外交政策）

パネル1の内容から，1850〜70年代の出来事に限定できる。

X．**不適**。**モンロー教書**は1823年，モンロー大統領がラテンアメリカ諸国の独立へのウィーン体制諸国（ヨーロッパ）の干渉を排除するために発したもので，日本とは関係しない。以後，米欧両大陸の相互不干渉はアメリカ外交の原則となった。

Y．**不適**。**ハル=ノート**は太平洋戦争開戦直前の1941年11月，国務長官ハルが日米交渉で示したアメリカ側の最終提案である。

Z．**適当**。日米和親条約の締結は1854年で，**下田・箱館の開港**と**薪水・食料・石炭の供給**（下線部ⓒの「航海で必要とする ［ア］ を入手するため」に該当），**遭難船員の救助**（同じく「航路の安全を確保し」に該当）などが規定された。

よって，**い−Z**が正しい組合せとなり，⑥が正解。

問2 ［2］　正解は④

資料1・2が示す事柄を含む，ロシアの太平洋方面進出の過程での出来事を時系列で配列させる問題である。

アロー戦争（第2次アヘン戦争）は1856〜60年のことである。この戦争でイギリス・フランス両国との講和（北京条約）を調停した代償として，ロシアは清国にウスリー川以東の沿海州を割譲させた。これにより，今日に及ぶこの地域の中露（ソ）国境が画定した。**アロー戦争が日本の通商条約締結（1858年）に影響した**ことを押さえておきたい。

資料1は1875年の**樺太千島交換条約**である。1855年（旧暦では1854年）の日露和親条約で両国人雑居の地とされた**樺太をロシア領**，ロシア領であった得撫島以北

を含めた**千島全島を日本領**と改めた。「日本国皇帝陛下」とあるので，明治時代のことだと判断できる。

資料2のラクスマンは1792年，**根室に来航**した。「幕府」とあるので江戸時代のことだとわかる。送還された「漂流民」は大黒屋光太夫らである。

よって，資料2（江戸時代）→沿海州の獲得（幕末）→資料1（明治時代）の順となり，**④**が正解。

問3　　3　　正解は②

　パネル1をもとに19世紀後半の欧米列強の中国進出に関する知識を問うとともに，資料3も参考にしてアメリカの世界交通路構想を類推させる問題である。

空欄イに入る語句

あ．適当。上海は中国東部の長江河口に位置し，アヘン戦争の際の**南京条約（1842年）で開港**された。欧米諸国の租界（治外法権が認められた外国人居留地）が開設され，国際都市として発展するとともに，列強の中国進出の拠点となった。

い．不適。広州は中国南部の広東省にある港市。南京条約で広州・福州・厦門（ｱﾓｲ）・寧波・上海の5港が開港されたが，パネル1の「代表的な貿易港」や地図上の位置に該当するのは上海である。歴史的に重要な場所は地図で確認しておきたい。

類推できる事柄

X．不適。**Y**．適当。資料3は「当時アメリカ合衆国政府を代表した軍人の報告書」で，アメリカが「世界の交通路となる」前提として，「東アジアと西ヨーロッパとの間の最短の道が（この蒸気船時代に）アメリカ合衆国を横切る」ことを指摘している。また，パネル1からは，アメリカが中国貿易拡大のため太平洋航路の開拓に積極的で，そのために日本に開国を求めた経緯も読み取れる。したがって，アメリカは自国が「世界の交通路」になることによる経済発展を期待し，**大陸横断鉄道の建設**と**太平洋横断航路の開設**（図1に1867年開設とある）を目指したことが類推できる。アメリカの大西洋岸と太平洋岸とを結ぶ最初の鉄道路線は1869年に完成した。また，大陸横断鉄道の建設は，西部開拓の促進や国内の政治的・経済的統合ももたらした。

よって，**あ－Y**が正しい組合せとなり，**②**が正解。

問4　　4　　正解は④

　「1870年代」の「世界の一体化」に関わる事象について，知識を問う問題。

①不適。ドルを基軸通貨とする国際通貨体制は，第二次世界大戦後における世界経済の枠組みである。1944年のブレトン・ウッズ会議で調印されたIMF（国際通貨基金）協定に始まった。

②不適。世界貿易機関（WTO）の設立は1995年である。前身のGATT（関税と

貿易に関する一般協定）は 1947 年に調印された。

③**不適。東インド会社**は 17 世紀初頭，イギリス・オランダ・フランスが設立したアジア貿易独占の特許会社である。

④**適当。海底電信ケーブル**は 1851 年に英仏間のドーヴァー海峡に初めて敷設された。以後，19 世紀後半に欧米間の大西洋，イギリス・インド間へと拡大された。**1871 年には長崎・上海間でも開通し**，情報による「世界の一体化」が進んだ。他の選択肢は時期が大きく異なるので，消去法で正解を得ることも可能である。なお，無線電信の実用化は 20 世紀初頭のことである。

B 《環太平洋地域における人の移動》

問5　5　正解は②

図2（地図）から必要な情報を読み取り，19 世紀末から 20 世紀初頭の出来事と結びつけて判断する力を問う問題である。

①**誤文。**「1903 年までに開設された航路」には，朝鮮（1910 年併合）や中国本土への航路もあるので，「植民地の範囲にとどまっていた」は誤り。台湾は 1895 年の下関条約で日本が清国から獲得している。

②**正文。南樺太は 1905 年のポーツマス条約で**，ロシアから日本に譲渡された。図2の拡大図には，「1904〜1913 年に開設された航路」として北海道から南樺太に至る航路が確認できる。

③**誤文。**中南米諸国への定期航路が開設されるのは 1914〜18 年のことである。

④**誤文。スエズ運河は紅海と地中海を結ぶエジプト北東部の運河で**，ヨーロッパ・アジア間の海上最短ルートである。図2からは第一次世界大戦（1914〜18 年）中，スエズ運河経由でヨーロッパに至る定期航路が開設されたことが読み取れるが，スエズ運河の開通は 1869 年である。第一次世界大戦中に開通したのは，中央アメリカのパナマ地峡を横断して**大西洋と太平洋を結ぶパナマ運河（1914 年開通）**。図2からはパナマ運河を通る航路が当該期に開設されたことが確認できる。

問6　6　正解は③

20 世紀前半の南洋諸島や東南アジア地域の状況について，知識を問う問題。

あ．誤文。カイロ会談は第二次世界大戦中の 1943 年 11 月，連合国（米・英・中）首脳が対日戦争の遂行と戦後処理について会談したもの。ドイツ領南洋諸島が日本の委任統治領となったのは，第一次世界大戦の講和条約である 1919 年のヴェルサイユ条約による。

い．正文。米西戦争（1898 年）の勝利により，アメリカはスペインからグアムとフィリピンを獲得した。**桂・タフト協定（1905 年）**で，日本の韓国指導権とア

　メリカのフィリピン統治を相互に承認したことからも，正文だと判断できる。

よって，**あ**一誤，**い**一正となり，**③**が正解。

NOTE　20世紀初頭の日米協定

> **桂・タフト協定**（1905年）…日本→米国のフィリピン統治，米国→日本の韓国指導権を相互承認
>
> **石井・ランシング協定**（1917年）…米国→日本の中国における「特殊権益」，日本→米国が主張する中国の「領土保全」「門戸開放」を相互承認。1922年の九カ国条約にもとづいて翌年廃棄

問7　　7　　正解は①

　太平洋戦争中から戦後にかけての日本とアジア・太平洋地域との関係に関して，表から読み取った数値や知識をもとに判断する力を問う問題である。

ここでの復員とは，無条件降伏により召集を解かれた兵士が帰郷すること，引揚げは外地にいた民間人が日本に帰ることをいう。表の（注）にあるように，復員や引揚げが終戦直後のことだけではなかったことにも留意したい。

①誤文。「シベリアに抑留された者の復員数」はソ連からの復員数が該当する。ソ連・満洲・中国からの復員数の合計は約155万1千人であり，復員数総計の約半分で3分の2は超えない。**シベリア抑留**とは，終戦直前に対日参戦したソ連が捕虜とした日本兵らをシベリアなどに連行し，数年にわたり強制労働に従事させたことをいう。抑留者は推定57万人以上で，劣悪な環境のため約1割が死亡した。

②正文。「引揚げ者数が復員数を上回っている国・地域」は，満洲（1932年建国の傀儡国家），朝鮮（1910年併合），台湾（1895年の下関条約で獲得）である。なお，満洲からの引揚げはソ連の参戦で困難を極め，多くの**満蒙開拓団**の人々が犠牲になり，**中国残留孤児・婦人**らの悲劇を生んだことも忘れてはならない。

③正文。太平洋戦争開戦から半年ほどの間に，日本軍はイギリス領のマレー半島・シンガポール・香港・ビルマ（現ミャンマー），オランダ領東インド（現インドネシア），アメリカ領のフィリピン・グアムなど，東南アジアから南太平洋の広大な地域を占領した。

④正文。激烈な地上戦が行われ，戦後はアメリカの軍政下で「基地の島」となった沖縄では，パネル4にもあるように，多くの住民が土地や生活基盤を失った。なお，サンフランシスコ平和条約（1951年調印）により翌年に日本が独立を回復した後も，沖縄はアメリカの施政下に置かれ，1972年に本土復帰が実現した。

問8　　8　　正解は④

　資料4の趣旨を読み取る力と，東西冷戦下での核開発競争とその影響に関する知識を問う問題である。

ラッセルはイギリスの哲学者，アインシュタインはドイツ生まれのアメリカの物理

学者である。

あ．**誤文**。資料4は核兵器の放棄に関するもので，核の平和利用については言及していない。

い．**正文**。資料4には「軍備の全般的削減の一環として核兵器を放棄するという合意は，…一定の重要な目的には役立つ」「緊張の緩和を目指すものであるならば何であれ，東西間の合意は有益」「そのような合意を歓迎します」などとある。

う．**誤文**。資料4は「核兵器の廃棄は，相手がそれを誠実に履行していると各々の陣営が信じるならば」実効性をもつと説いており，相手陣営に核兵器の廃棄を一方的に先行させようとはしていない。

え．**正文**。**第五福竜丸の被曝**は，1954年の中部太平洋・ビキニ環礁におけるアメリカの水爆実験によるもので，乗組員1名が死亡した。資料4に「日本の漁船員と彼らの漁獲物を汚染したのは，この灰（**死の灰**）でした」とあるのがそれである。この事件により原水爆禁止運動が高揚し，翌年には**第1回原水爆禁止世界大会**が広島で開催された。

よって，**い・え**が正しい組合せとなり，**④**が正解。

問9　　9　　正解は②

■ 第1問全体をふまえ，さらに探究するための課題と探究するために最も適当と考えられる資料の組合せを考察させる，歴史総合らしい問題。

課題「あ」を探究するために最も適当な資料

W．**適当**。1980年代，日本の対米自動車輸出が急増してアメリカの自動車産業が打撃を受けるなどし，**日米貿易摩擦**やアメリカでの**ジャパン=バッシング**が深刻化した。そのため，日本の**輸出自主規制**や，アメリカ産**牛肉・オレンジの輸入自由化**などが行われた。したがって，課題の「自由と制限の観点」に合致する。

X．**不適**。アジア太平洋経済協力会議（APEC）は域内における貿易や投資の自由化を目的としているので，課題の「制限の観点」に合致しない。また，APEC参加各国の1人当たりGDP（国内総生産）を調べても，第二次世界大戦後の「太平洋をまたいだ経済の結び付き」がその数値にどのくらい影響しているのかは判断できない。

課題「い」を探究するために最も適当な資料

Y．**不適**。移住の際の交通手段と費用のデータから，「移住先の社会との関係」を探究することはできない。

Z．**適当**。「国籍を取得する条件」からは，移住先における移民の受け入れ状況が読み取れ，「国籍を取得した沖縄県出身者の概数」からは，「移住先の社会」に溶け込もうとする移住者の姿勢をうかがうことができる。

よって，**あ―W，い―Z**が正しい組合せとなり，**②**が正解。

第2問 《古代〜近代の学びの歴史》

問1 ┃10┃ 正解は①

▎資料1（現代語訳）の筆者が，古代〜近世の学問の歴史をどのようにとらえていたかを読み取らせる問題である。

あ・う．正文。筆者が「**湯島聖堂の建立を歓迎している**」ことや，「江戸幕府が儒学を重んじていることを述べている」ことは，資料1の後半部分「今や…」以降から読み取れる。

い．誤文。資料1は「…足利の読書堂（足利学校），その名を知る者は稀となった」と述べた後に，「（北条氏が）文庫を金沢に建てて」と続くので，筆者は足利学校の衰退後に金沢文庫ができたと考えている。実際には，**足利学校は鎌倉時代に足利氏が一門の教育機関として創建し，室町時代中期に関東管領上杉憲実が再興した**。一方の**金沢文庫**は，鎌倉時代中期に**北条（金沢）実時**が武蔵国六浦荘金沢の別邸に設けた文庫で，鎌倉幕府滅亡後も衰退しながら続いた。

え．誤文。資料1は7世紀末の文武天皇の時代から始まっているので，「**院政期から**」は誤り。また，5代将軍徳川綱吉の時代の湯島聖堂建立を讃えることで終わっているので，「**江戸時代末まで**」も誤りである。

よって，**あ・う**が正しい組合せとなり，**①**が正解。

CHECK 「坂東の大学」
来日したイエズス会（耶蘇会）の宣教師たちは，日本での見聞や布教の状況を本国ポルトガルに書簡で報告した。これらの書簡集を『**耶蘇会士日本通信**』という。**フランシスコ=ザビエル**が足利学校を「坂東の大学」と評したことは有名である。

問2 ┃11┃ 正解は②

▎上級貴族の子弟に与えられた特権について，基本的な知識を問う問題。

①不適。大連は**大臣**とともに，**ヤマト政権が氏姓制度**のもとで中央の有力豪族らに与えた姓である臣・連のうち，最有力者の地位である。

②適当。蔭位の制は律令制のもとで，五位以上の子（蔭子）と三位以上の孫（蔭孫）に，父祖の位階により一定の位階を与えた制度である。六位以下の官人の子弟に比べて最初から有利であり，特定氏族が高位高官を独占することになった。

③不適。閑谷学校は岡山藩が設立した，**懐徳堂**は大坂の商人らが出資して開設した**江戸時代の郷学（郷校）**である。

④不適。文官任用令は**明治憲法**下における文官の任用資格に関する勅令である。

問3 ┃12┃ 正解は③

▎資料2（現代語訳）から，台北帝国大学設置の背景や目的を読み取る問題である。
同じく植民地であった朝鮮にも，京城（現ソウル）帝国大学が設置された。

①**正文**。「台湾在住者は…その子弟に大学教育を受けさせる者が著しく増加する傾向がある」と述べている。

②**正文**。「台湾は，これら東洋・南洋・太平洋方面の学術研究に最も便なる位置にある」とする。

③**誤文**。資料2からは「台湾においてこれ（大学）を有さないために，大学教育を受けようとする者は去って内地に赴き，または米国及び中国に行く者がだんだん多くなっている」ことを問題視し，帝国大学を設置しようとする趣旨が読み取れる。

④**正文**。「帝国の学術的権威を樹立し，統治上の威信を確保しようとするために…帝国大学となすものとする」とある。

問4　　13　　正解は④

▨ 近世〜近現代の国家と学問との関わりについての知識を問う問題である。

アには「漢訳洋書輸入の禁の緩和」が，**イ**には日本学術会議が入る。

ア．資料1（湯島聖堂建立）の後に行われ，「西洋の学問が学びやすくなった」江戸幕府の政策は，8代将軍徳川吉宗による「漢訳洋書輸入の禁の緩和」。「**奉書船制度の導入**」は3代将軍徳川家光の時で資料1以前のことであり，日本人の海外渡航を制限するもので渡航先も東南アジアなので，時期・内容ともに不適。

イ．ひろさんの4番目の発言にもあるように，戦前の国家や軍部による学問の統制・弾圧への反省をふまえ，1949年に日本学術会議が設立された。一方の**理化学研究所**は，産業界や学界の要請によって第一次世界大戦時の1917年に設立された。のち，研究成果を工業化して，**新興財閥**の理研コンツェルンを形成したことを知っていれば，消去法でも正解が得られる。

NOTE 昭和戦前の学問・思想弾圧

滝川事件（1933年）…京都帝大教授滝川幸辰，著書『刑法読本』が反国家的であるとして休職処分に（文相鳩山一郎の圧力）→**大学の自治崩壊**

天皇機関説問題（1935年）…美濃部達吉（東京帝大教授）の天皇機関説を議会・軍部が「叛逆思想」と非難。政府は**国体明徴声明**で機関説排撃

矢内原事件（1937年）…矢内原忠雄（東京帝大教授），『帝国主義下の台湾』『国家の理想』などの著書を右翼に反戦思想と攻撃され辞職

人民戦線事件（1937〜38年）…左翼指導者が一斉検挙される。**大内兵衛**（東京帝大教授）も理論的指導者として検挙されて休職

河合栄治郎の起訴（1939年）…東京帝大教授。『ファシズム批判』など著書発禁，休職処分，起訴

津田左右吉の起訴（1940年）…『記紀』の文献学的研究が天皇の尊厳を侵す不敬と非難されて著書発禁，起訴

※弾圧された研究者たちは，戦後は大学に復帰するなどして活躍（河合栄治郎は1944年死去）

問5　　14　　正解は③

　　資料3（絵巻物）と資料4（写真）から読み取った内容や知識をもとに，時代ごとの教育のあり方や変遷について考察させる問題である。

あ．**誤文**。資料3の『法然上人絵伝』は，**浄土宗**の始祖**法然**の生涯を描いた鎌倉時代成立の絵巻物である。浄土宗は庶民を含む幅広い層から信仰を集め，絵巻物には長髪の女性，剃髪した僧侶，帯刀の武士などが，「僧侶（法然）の講釈を聴いて仏教的な教養を学ぶ様子」（さとさんの4番目の発言）が描かれている。資料4は義務教育が普及した大正時代の小学校の授業風景で，男子児童と女子児童が同じ教室で学んでいることがわかる。

い．**正文**。「紀伊国阿氐河荘百姓等言上状」からも知られるように，鎌倉時代は庶民の識字能力は低かった。室町時代になると，経済や地域社会の発展により読み書きや計算の能力の必要性が増し，都市の商工業者や村落の指導者層が寺院などで子弟に教育を受けさせるようになった。江戸時代には，**寺子屋**が「**読み書き・算盤**」の初等教育を担った。明治政府は1872年に**国民皆学**を趣旨とする**学制**を発布し，明治時代後期の1902年には就学率が90％を超えた。

　　よって，あ─誤，い─正となり，③が正解。

第3問 《藤原京をはじめとした古代の都城と時代の特徴》

問1　　15　　正解は①

　　メモも付されているが，主として図（地図）から2つの都城の水運に関する特徴を読み取らせる問題である。

あ．**正文**。図からは海石榴市付近を流れる初瀬川が，他の河川と合流しながら難波宮方面に通じていることが読み取れる。

い．**正文**。藤原京の水系は大和国から摂津国の難波宮方面に流れるのに対し，平安京の水系は山城国から難波宮方面へと流れている。前者は初瀬川や平城京を流れる佐保川などが合流して大和川となり，大阪湾に注いだ。後者は平安京の東の**賀茂川**（鴨川）と西の桂川が南流して合流し，かつて平安京の南方にあった巨大な巨椋池の西側あたりで，琵琶湖から流れ出た宇治川や恭仁京方面からの木津川とも合流し，**淀川**となって大阪湾へと注いでいた。

　　よって，あ─正，い─正となり，①が正解。

問2　(1)　　16　　正解は④

　　渡来人の業績に関する3つの文の年代配列問題である。

Ⅰ．**白村江の戦い**は663年である。朝鮮半島南部の白村江で，百済救援の日本軍が唐・新羅連合軍に大敗した。

Ⅱ．五経博士は6世紀初め，継体天皇の時代に百済から来日した。

Ⅲ．飛鳥寺は6世紀末，蘇我馬子によって建立された。わが国最初の本格的寺院である。

よって，Ⅱ→Ⅲ→Ⅰの順となり，**④**が正解。

(2)　18　17　正解は③

解説シートにある木簡とその解説から読み取った情報や知識をもとに，古代の物流や交易について考察させる問題である。

あ．不適。**い．適当**。木簡の裏面に記された「大 属 従八位上（だいさかん）」について，解説には「官職と位階の表記から，この木簡は大宝令の施行（701年）後に書かれたもの」とある。よって，この糸は大宝令制の税目の一つである**調**として納められたものだと判断できる。**部民**は大化改新以前の大王家や豪族の私有民の総称である。

う．適当。**え．不適**。えの「明銭」は室町時代の日明貿易でもたらされた。藤原京時代（694～710年）の銭貨は**富本銭**や**和同開珎**（708年発行）である。明らかな誤文なので，消去法が有効である。また，木簡の解説には大属の津 史 岡麻呂（つのふひと）が，市で糸を売るように担当者に指示したことが推測されることが記され，ラナさんのメモには「史は，文筆を 掌（つかさど）った渡来系の氏族に与えられた姓（かばね）」であること，藤原京時代の役所では文書が多用されたことなどがみえる。したがって，うは妥当な意見であると判断できる。

よって，い・うが最も適当なものの組合せとなり，**③**が正解。

問3　18　正解は①

平安時代初期の文化（弘仁・貞観文化）と対外関係について，知識を問う問題。

事柄「あ」に関連する文

W．**正しい**。橘 逸勢（たちばなのはやなり）は嵯峨天皇や空海とともに，平安時代初期の唐風の能書家として**三筆**に数えられる。

X．**誤り**。**大仏様**は天竺様（よう）とも呼ばれ，鎌倉時代初期に**重源**（ちょうげん）が東大寺再建で採用した宋（南宋）由来の建築法で，**東大寺南大門**に代表される。

事柄「い」に関連する文

Y．**正しい**。**渤海**（698～926年）は中国東北部（満洲）東部から沿海州にあった国家で，奈良時代から平安時代初期にかけて日本と通交した。

Z．**誤り**。高句麗は朝鮮半島北部にあった国家だが，すでに668年に唐・新羅によって滅ぼされている。

よって，あ－W，い－Yが正しい組合せとなり，**①**が正解。

CHECK 三筆と三蹟（三跡）

平安時代初期（弘仁・貞観文化期）の三筆に対し，平安時代中期（国風文化期）の和様の能書家の**小野道風・藤原佐理（すけまさ）・藤原行成**らを**三蹟（三跡）**という。

問4　19　正解は②

┃第3問全体をふまえた問題構成だが，律令制下の労役に関する基本的な知識があ
┃れば，ストレートに正解が得られる。

①**正文**。図（地図）からは古代の都城がいずれも水陸交通の要地にあったことが確
　認できる。

②**誤文**。**運脚**は令制のもとで正丁に課された，調・庸などの貢納物を都に運ぶ**労役**
　である。したがって，「**輸送業者**」というのは明らかな誤りである。

③**正文**。ラナさんのメモや問2(1)の文Ⅰ～Ⅲからも，多くの渡来人が来日して，先
　進的な技術や文化を伝えたことが読み取れる。

④**正文**。**藤原京**（694～710年）はわが国初の本格的都城で，北魏の洛陽城などと
　の共通点がみられる。

第4問　── 中世社会における諸権力と対立・紛争の解決方法

A　標準　《中世前期の対立・紛争の解決方法》

問1　20　正解は①

┃資料1（絵画）と会話文から読み取った情報をふまえ，鎌倉時代の寺院に関する
┃知識を問う。古代との連続性も意識した問題である。

アには僧兵が，**イ**には鎮護国家が入る。

ア．資料1や会話文の中にいくつものヒントがあるが，菊田さんの3番目の発言の
　「僧侶の中に，　**ア**　のような武装した人々が含まれている」が最もわかりやすい
　手がかりになり，僧兵が適当。なお，高木さんの最初の発言に「比叡山延暦寺の
　僧侶たち」とあるように，資料1に描かれているのは天台宗の僧侶である。**法華**
　宗徒は法華宗（日蓮宗）の信徒のことなので，宗派も違えば僧侶でもない。

イ．鎮護国家は奈良時代など古代仏教のキーワードだが，井澤さんの2番目の発言
　に「国家の安泰を祈る『　**イ**　の霊場』と述べている点に，古代との連続性を感
　じる」とあるのが決め手になる。**立正安国**は**日蓮**が説いた，法華経に帰依するこ
　とでこの世に安泰がもたらされるとする教えである。日蓮の主著『立正安国論』
　からも判断できる。

問2　21　正解は④

┃資料2（御成敗式目）の読解力を試す問題である。

あ．**誤文**。**い**．**正文**。資料2の冒頭に「朝廷の法律家による法解釈では許されない
　けれども」とあることから，資料2はそれとは逆の内容であることがわかる。

う．**誤文**。**え**．**正文**。資料2には「今日に至るまで，子供のいない女性が所領を養

子に譲り与えることは変わらない法であり，（その例は）数え切れない」とある。
よって，**い・え**が正しい組合せとなり，④が正解。

問3　　22　　正解は③

会話文や資料1〜3から読み取った情報をふまえ，鎌倉時代の社会や法制度に関する知識を問う問題である。

① **正文。** 僧兵の強訴に対して，院政期には**北面の武士**が，鎌倉時代には在京の御家人が防御に派遣された。

② **正文。** 「幕府に属さない武士」を**非御家人**（本所一円地住人）といい，幕府の支配が浸透していない西国に多かった。「武装した僧侶」はもちろん僧兵のことである。

③ **誤文。御成敗式目**は源頼朝以来の先例と道理と呼ばれた武家社会の慣習にもとづいて，守護・地頭の権限や裁判基準を定めた最初の武家法であり，**御家人とその所領など，鎌倉幕府の勢力範囲を対象としたもの**であった。式目制定の趣旨を述べた資料3（北条泰時書状）にも「これ（式目制定）によりて京都の御沙汰，律令のおきて<ruby>聊<rt>いささか</rt></ruby>もあらたまるべきにあらず候也」とある。

④ **正文。** 荘園領主が地頭と争う場合，年貢の未納など地頭の非法が争点となることが多く，荘園領主は地頭に対する強制力を持った幕府に訴訟を提起した。

CHECK　白河法皇の「<ruby>天下三不如意<rt>きんぷにょい</rt></ruby>」
南都北嶺と称された奈良の興福寺と比叡山延暦寺の僧兵は，それぞれ春日神社の神木や日吉神社の神輿を担ぎ，神仏の威光を押し立てて強訴に及んだ。権勢を極めた白河法皇が，賀茂川の水（洪水）と<ruby>双六<rt>すごろく</rt></ruby>の<ruby>賽<rt>さい</rt></ruby>とともに，**山法師**（延暦寺の僧兵）を「**天下三不如意**（思いのままにならないもの）」にあげたことは有名である。

B　やや易　《中世後期の対立・紛争の解決方法》

問4　　23　　正解は②

国人一揆に関する知識と，資料4（現代語訳）と会話文から読み取った情報をもとに，国人一揆の特徴について考察させる問題である。

あ．正文。 国人一揆は，国人たちが自らの領主権を守るために結んだものである。鈴木さんの「（戦国時代は）『…殿様の御下知・御裁判に違背してはならない』と記されたものもありました」という発言を受けた鄭さんの発言に，「南北朝時代と戦国時代とでは，紛争解決の方法が変化しているようです」とあるのも，南北朝時代の国人一揆の自立性を導くヒントになる。最後の先生の発言も，「時代の変化」を肯定したものになっている。

い．誤文。 国人一揆の構成員は**対等な関係**にあった。資料4の最初の条項は「賛同者の多い意見によって取り計らう」と，多数決による決定を取り決めている。

う．誤文。資料4の最初の条項から，構成員による合議と多数決で解決しようとしたことが読み取れる。

え．正文。資料4の2番目の条項にある通りである。

よって，あ・えが正しい組合せとなり，②が正解。

CHECK　国人一揆の傘連判状

国人一揆のメンバーは対等な関係にあった。それは，一揆契状の署名にも表れていて，資料4は32人の国人が「孔子次第（くじ引き順）」に署名している。また，丸く放射状に署名を連ねた傘（からかさ）連判もみられる。

問5　24　正解は④

中世後半から近世にかけての権力の変化について，基本的な知識を問う問題。

①正文。戦国大名が定めた法を**分国法（家法）**といい，その中には私闘による紛争解決を禁じた**喧嘩両成敗法**の条文もみられる。

②正文。戦国大名は城下町を建設し，**楽市令**を発して商工業者を招致したり，鉱山の開発や河川の治水・灌漑などの事業を行ったりした。

③正文。織田信長は対立する**延暦寺**を焼打ちし，各地の**一向一揆**を鎮圧して**石山本願寺**を屈服させた。また，教科書掲載頻度は低いが，豊臣秀吉も根来衆（ねごろ）と呼ばれる僧兵集団を擁した紀伊の根来寺を滅ぼしている。

④誤文。キリスト教の**布教と南蛮貿易は密接な関係**にあったため，貿易を望む戦国大名は布教を認め，豊後の**大友義鎮（宗麟）**など洗礼を受けて**キリシタン大名**となる者もいた。

第5問　標準　《大坂からみた江戸時代の政治・外交・社会・文化》

問1　25　正解は②

表から読み取った数値の変化や知識をもとに，17世紀後半の経済発展の背景について考察させる問題である。

空欄アに入る文

あ．適当。d（住民全体）の人数は，寛永から寛文・天和年間と17世紀を通じて増加し，正徳3（1713）年の710人がピークである。

い．不適。d（住民全体）の人数に占める a（地主・家持）の人数の割合が最も高いのは，寛永16（1639）年の約51.6%（49 / 95人）である。18世紀初頭の正徳3（1713）年は約9.6%（68 / 710人）にすぎない。寛永から正徳年間にかけて，dの人数が大きく増加しているのに，aの人数には大きな変化がないことからも明白である。

空欄イに入る文

X．不適。問われているのは1661〜82年のことである。**田沼意次**が側用人・老中として幕政を主導したのは18世紀後半の宝暦・天明年間なので，時期が異なる。

Y．適当。**西廻り航路**は寛文年間（1661〜73年）に**河村瑞賢**によって整備された。出羽最上地方から北陸・山陰地方を経て下関経由で大坂に至る航路で，「天下の台所」大坂の発展に大きく寄与した。

よって，**あ一Y**が正しい組合せとなり，**②**が正解。

問2　　26　　正解は④

　資料1の読解力と，幕藩体制下の経済システムに関する知識を問う問題である。

①誤文。問題文に「1735年に出された法令」とあるように，資料1は米公方と称された**8代将軍徳川吉宗**の時のものである。**3代将軍徳川家光**の将軍職在位は1623〜51年のことなので，時期が異なる。

②・③誤文。「江戸の金遣い，大坂の銀遣い（金建て，銀建てとも）」といわれ，江戸では金貨が，大坂では銀貨が主に使用された。資料1は「大坂は米一石につき銀四十二匁以上に買い請け申すべく候」と，米屋が米を購入する際の価格の下限を，銀貨の単位で定めている。

④正文。武士は知行地からの年貢米や主君からの俸禄米を，商人を介して換金して生活していた。したがって，米価の下落は収入減につながった。資料1にも「米値段次第に下値（安い値段）にあい成り，武家ならびに百姓難儀の事にて」とある。

問3　　27　　正解は⑤

　資料2（絵画）とメモ2の情報をもとに，江戸時代の対外交渉に関する知識を問う問題である。

ウには琉球が，エには薩摩が入る。

ウ．資料2の拡大図に「中山王苻（府）」とあるので，**琉球**王国の使節だと判断できる。中山王の尚巴志が北山（山北）・南山（山南）の両王朝を亡ぼし，1429年に**琉球を統一**した。江戸時代，琉球王国からは徳川将軍の代替わり時に**慶賀使**が，琉球国王の代替わり時に**謝恩使**が江戸に派遣された。なお，**清**とは江戸時代には長崎の**唐人屋敷**で同国の商人との交易が行われたが，日清間に国交はなく，使節の往来もなかった。**朝鮮**（李朝，李氏朝鮮とも）からの使節は**通信使**といった。

エ．琉球王国はメモにある「1609年」に**薩摩藩**（島津氏）の軍事侵攻を受け，以後その支配下に置かれた。一方で，独立した王国として中国（明・清）との朝貢貿易は継続され，江戸時代を通じて**日中両属**の立場にあった。対馬・福岡は不適。**対馬藩**（宗氏）が日朝間の国交や交易を仲介したことを押さえておきたい。

NOTE 江戸時代の「四つの窓口」

鎖国体制下，江戸幕府は「四つの窓口」を通じて異国や異民族と交流をもった。

長崎口	**中国（明・清）**：唐人屋敷で，来航した中国商人と交易。 **オランダ**：出島の商館（バタヴィア〈ジャカルタ〉のオランダ東インド会社の支店）で交易。商館長は幕府に**オランダ風説書**を提出。
対馬口	**朝鮮**：対馬藩主宗氏が朝鮮と**己酉約条**（1609年）を結び，釜山の**倭館**で交易。対馬藩を介して将軍の代替わりを祝う**通信使**が来日。
薩摩口	**琉球**：琉球王国は薩摩藩の侵攻を受けてその支配下に置かれ，かつ中国との朝貢貿易は継続（**日中両属**）。琉球王国は薩摩藩を介して将軍の代替わりごとに**慶賀使**を，琉球国王の就任ごとに**謝恩使**を江戸に派遣。
松前口	**蝦夷地（アイヌ）**：幕府からアイヌとの交易独占権を認められた**松前藩**が，アイヌを介して北方世界ともつながる。松前藩は，漁場での交易権を家臣に分与する**商場知行制**をとり，のちには漁場経営を内地の商人に請け負わせる**場所請負制**を採用。松前藩や和人商人の搾取や酷使に対し，**シャクシャインの戦い**（1669年）や**クナシリ（国後）・メナシ（目梨）の蜂起**（1789年）が起こる。

※朝鮮と琉球は外交関係がある「通信国」，オランダと中国とは交易だけで外交関係がない「通商国」の関係であった。

問4　[28]　正解は③

　メモ3を参考にしながら，大塩の乱（1837年）の背景や大塩平八郎の主張について，知識をもとに考察させる問題である。

① 誤文。**大塩の乱**の背景に米価の高騰があったことは正しいが，それは**天保の飢饉**（1832〜36年）によるもので，1783年に起きた**浅間山の大噴火**とは関係がない。浅間山の大噴火がその一因となったのは，**天明の飢饉**（1782〜87年）である。

② 誤文。メモには「（将軍のいる）江戸へは廻米を行うのに，『天子（天皇）』が所在する京都へは廻米をしていない」のはおかしいという大塩の主張がみえる。

③ 正文。メモには「大坂町奉行やその部下の役人らが…江戸へは廻米を行」っているとある。

④ 誤文。**大塩平八郎**は**大坂町奉行所の元与力**であり，蜂起した場所も大坂である。メモにも「民衆を苦しめている役人たちやぜいたくをしている大坂の金持ちの町人らを成敗（こらしめること）する」という大塩の主張がみえる。

問5　[29]　正解は①

　陽明学など江戸時代の学問に関する知識を問う問題である。

江戸時代の学問は内容をよく整理しておきたい。なお，大塩平八郎は洗心洞という学塾を主宰していた。

あ．正しい。陽明学は明の**王陽明**が創唱した儒学の一派で，朱子学の主知主義に対

し，**知行合一**を唱えて実践を重視した。

い．誤り。国学に関する説明である。

う．**正しい**。**熊沢蕃山**は岡山藩家老で，日本の**陽明学**の祖である**中江藤樹**に学んだ。『**大学或問**』で武士の帰農や参勤交代の弊害などを説き，幕府の咎めを受けて下総古河に幽閉された。

え．誤り。蘭学者の渡辺崋山に関する説明である。崋山は**蛮社の獄**（1839 年）で処罰され，自刃に追い込まれた。

よって，**あ・う**が正しい組合せとなり，①が正解。

第6問 標準 《地域の資料からみた近現代の歴史》

問1 30 正解は②

▌パネル1と解説文1から読み取った情報をもとに，明治維新の範囲や定義，時代の特徴について考察させる問題である。

明治新政府による一連の改革と**西南戦争（1877 年）**との前後関係を押さえていれば正解が導ける。

①**正文**。**徴兵告諭**（1872 年）で国民皆兵の方針が示され，翌年に**徴兵令**が布告された。解説文1にも，手紙の差出人の出征兵士が「農家の青年」だとある。

②**誤文**。「明治維新」の展示室に西南戦争の出征兵士の手紙が展示されているので，α市の博物館は「明治維新」の範囲を廃藩置県（1871 年）までとは考えておらず，最後の士族反乱である西南戦争（1877 年）も含むと考えていると判断できる。

③**正文**。前島密の立案で，1871 年に郵便制度が創設された。解説文1にも「封筒には切手が貼られ消印が押されている」とある。

④**正文**。解説文1には「西南戦争を最後に士族反乱は収まった」とあるので，西南戦争の翌年（1878 年）に起きた不平士族による大久保利通暗殺事件（**紀尾井坂の変**）を，α市の博物館は「士族反乱」と考えていないと判断できる。その年代はやや細かな知識だが，②が明らかな誤文なので，④は正文だと判断できよう。**西郷隆盛ら征韓派参議の下野後，大久保が政府を主導**したことを押さえておきたい。

問2 31 正解は①

▌近代の教育制度に関する知識をもとに，1889 年の町村制施行から 1920 年代半ばまでの，町村財政における教育費の増加の背景について考察させる問題である。

①**適当**。1900 年に義務教育期間の授業料が廃止され，1902 年に就学率は 90％を超えた。さらに，1907 年に義務教育が 6 年間に延長されたことで，町村財政における教育費の支出が増加した。

②**不適。学校教育法**による新制中学校の設立は，戦後の 1947 年のことである。

③**不適。大学令**が制定され，**私立大学の設置**が認められたのは 1918 年のこと。また，私立大学が設立されても，町村財政には影響しない。

④**不適。教育勅語**は 1890 年に発布された，「**忠君愛国**」など戦前教育の指導原理を示したものである。御真影（天皇の写真）とともに各学校に配布され，奉安殿に安置されるなどしたが，それが町村財政において教育費の継続的な増加をもたらしたとは考え難い。

問3　　32　　正解は③

大正時代の米供給量の変化に関する表の数値を正しく読み取らせるとともに，1918 年に起きた米騒動の背景に関する知識を問う問題である。

あ．誤り。1914 年度よりも 1923 年度は総供給量が 1665 万石増加しているが，最大の要因は**内地米産出量の増加**（1043 万石）であり，植民地からの移入量の増加は 275 万石にすぎない。

い．正しい。1918 年度は前年度より内地米産出量が 388 万石減少している。また，植民地と外国からの移入（輸入）量の合計は 653 万石で，前年度の 250 万石の約 2.6 倍になっている。

う．正しい。第一次世界大戦（1914～18 年）による**大戦景気**が一方で**物価高騰**をもたらしたことを押さえておきたい。

え．誤り。米騒動の要因の一つとなったのは，**山東出兵**（1927～28 年）ではなく，シベリア出兵（1918～22 年）が正しい。

よって，**い・う**が正しい組合せとなり，**③**が正解。

問4　　33　　正解は②

パネル 2（第二次世界大戦直後の写真）とその解説文 2 から導かれた 2 つの疑問を検証するための適当な方法をそれぞれ選ばせる，日本史探究らしい問題である。

疑問「あ」を検証するために最も適当な方法

W．適当。ポツダム宣言にもとづき，**サンフランシスコ平和条約**（1951 年 9 月調印）が発効する 1952 年 4 月 28 日まで，日本は連合国の占領（実際はアメリカ軍による単独占領）下に置かれた。その間，**マッカーサー**を最高司令官とする **GHQ**（連合国軍最高司令官総司令部）が，日本政府に指令・勧告を行う間接統治がとられた。パネル 2 で日本の警察官と占領軍の憲兵が，協力して交通整理をしているのはそのためとみられる。

X．不適。日米行政協定（1952 年調印）は日米安全保障条約の細目協定であり，占領終了後に日本に駐留するアメリカ軍の配備の条件を定めたものなので，不適。

疑問「い」を検証するために最も適当な方法

Ｙ．**不適**。パネル２の「向かって左端の人」は牛に車を引かせて丸太を運んでいる。道路の舗装や公職追放の程度を調べても，その理由を導くことはできない。

Ｚ．**適当**。トラックなどの車両が不足していたことがわかれば，牛車で丸太を運んでいた理由が導ける。また，解説文２に「背景には戦争で焼けたビルが見える」ともあり，空襲の被害の程度を調べれば，復興のために木材が必要とされた事情も推測できよう。

よって，**あ－Ｗ，い－Ｚ**が正しい組合せとなり，**②**が正解。

問５　　34　　正解は⑥

模式図と知識をもとに，近現代における世界経済と国内産業の状況と，それが地域社会に及ぼした影響について考察させる問題である。

空欄ア（1900 年代の世界経済と国内産業の状況）・空欄イ（1980 年代の世界経済と国内産業の状況）に入る文

あ．**新興財閥**とは，満洲事変（1931〜33 年）後に軍部と結び，朝鮮や満洲に進出して急成長した**日産や日窒などのコンツェルン**のことである。空欄ア・イのいずれにも**不適**。

い．**空欄イに入る**。1973 年の石油危機によって高度経済成長は終わった。**1980 年代の安定成長期**には，従来の鉄鋼・石油化学工業など「**重厚長大**」型産業から，電気・電子製品など「**軽薄短小**」型産業への転換が進んだ。

う．**空欄アに入る**。幕末の貿易開始から，**生糸は近代日本の最重要輸出品**であり，製糸業は外貨獲得の中心産業であった。

空欄ウ（1930 年代の a 市の出来事）に入る文

Ｘ．**不適**。傾斜生産方式は**第二次世界大戦後**，日本経済復興のために実施された政策である。重要産業である石炭・鉄鋼などに重点的に資源・資金を投入した。

Ｙ．**適当**。1929 年にアメリカから始まった**世界恐慌**により，アメリカ向けの生糸の輸出が激減した。

よって，**ア－う，イ－い，ウ－Ｙ**が正しい組合せとなり，**⑥**が正解。

NOTE　財閥の種類

三大財閥	三井・三菱・住友（金融資本＋産業資本の総合財閥）。
四大財閥	三大財閥＋安田（金融資本中心）。
八大財閥	明治以来の四大財閥＋浅野・大倉・川崎・古河（産業資本中心）。
十五財閥	八大財閥＋野村・渋沢（金融資本中心）＋**日産・日窒・理研**・中島・日曹（**新興財閥**）。戦後，財閥解体指令の対象となる。

※**五大銀行**：三井・三菱・住友・安田・第一の各銀行。

歴史総合

（注）　本サンプル問題は，具体的なイメージの共有のために作成されたものであり，実際の
　　問題セットをイメージしたものや試験時間を考慮したものではない。

第 1 問　「歴史総合」の授業で，「東西冷戦とはどのような対立だったのか」とい
　　う問いについて，資料を基に追究した。次の授業中の会話文を読み，後の問い（**問
　　1～5**）に答えよ。（資料には，省略したり，現代日本語に訳すなど改めたりしたと
　　ころがある。）

先　生：第二次世界大戦が終わるとまもなく，冷戦の時代が始まりました。**資料 1**
　　　　　は，冷戦の時代のヨーロッパで撮影された写真です。

山　本：なぜ，「自由への跳躍」という題
　　　　　名が付けられているのですか。

先　生：ここに写っているのは，ベルリ
　　　　　ンの壁が建設されている最中の
　　　　　1961 年に，警備隊員が有刺鉄線
　　　　　を跳び越えて亡命しようとして
　　　　　いる瞬間の様子で，写真の解説
　　　　　には，「　　　ア　　　」とあ
　　　　　ります。その後，この写真は，
　　　　　ⓐ二つの体制の間の競争の中で，亡命を受け入れた側にこそ政治や思想・
　　　　　表現の自由があると主張するために使われて，有名になったのです。

資料 1　　「自由への跳躍」

山　本：それが，写真の題名にある「ⓑ自由」の意味なのですね。

セ　ナ：冷戦の時代が始まったとき，日本はどのように関係していたのですか。

先　生：次の**資料 2**は，冷戦の時代の初期に日本国内で出された指令です。

資料2 　イ　 等の公職からの排除に関する件（1950 年 9 月 5 日閣議決定）

> 　民主的政府の機構を破壊から防衛する目的をもって，危険分子を国家機関その他公の機関から排除するために，次の措置を講ずること。
> （一）　イ　 又はその同調者で，官庁，公団，公共企業体等の機密を漏洩_{ろうえい}し，業務の正当な運営を阻害する等その秩序をみだし，又はみだす虞_{おそれ}があると認められるものは，これらの機関から排除するものとする。

サンプル問題

セ　ナ：冷戦の時代の厳しい東西対立の影は，日本にも及んでいたのですね。

山　本：私は，矛盾を感じます。**資料 1** の写真の題名は，西側陣営の宣伝の意味もあり付けられたのでしょうが，**資料 2** から読み取れるのは，冷戦の時代の初期に日本で　イ　 とされた人たちの自由が制限されていたことです。

先　生：当時，日本は連合国軍総司令部（**GHQ**）による占領統治下にありました。占領下の政策方針は，国際情勢の変動に合わせて変化していったのです。

豊　田：気になることがあります。「冷戦」とは，実際には戦争が起こらなかったことを意味していると思いますが，ⓒ東西冷戦の時代には，実際の戦争は起こらなかったのですか。

先　生：**資料 3** を見てください。戦争が起こらなかったのはヨーロッパだけのことであって，世界中では，冷戦の影響の下で多くの戦争が起こりました。また，東西両陣営は，軍事力だけでなくⓓ経済面においても，他方に対する優位を確保しようと競い合ったのですよ。あなたたちが生まれたのは，この長い対立が終わって十数年後のことですね。

資料3　第二次世界大戦以後に国家が関与した武力紛争による地域別の死者数

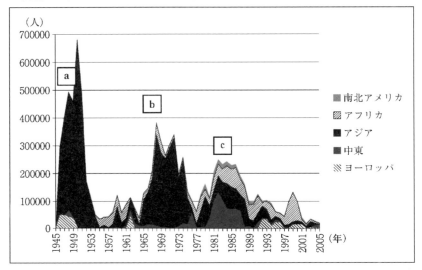

（Peace Research Institute Oslo, The Battle Deaths Dataset version 2.0, Yearly Total Battle Deaths より作成）

問 1　会話文中の空欄　　**ア**　　に入れる文**あ・い**と，冷戦の時代の初期における
ヨーロッパでの下線部ⓐの対立を表した図**Ⅰ・Ⅱ**との組合せとして正しいものを，後の**①〜④**のうちから一つ選べ。

　　　ア　　に入れる文

あ　西ドイツの警備隊員が東ベルリンへ亡命した

い　東ドイツの警備隊員が西ベルリンへ亡命した

対立を表した図（　■　と　■　に分かれて対立）

Ⅰ　　　　　　　　　　　　　　　　　　　　Ⅱ

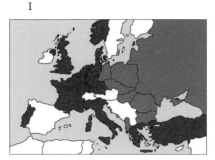 

① あ―Ⅰ　　　**②** あ―Ⅱ　　　**③** い―Ⅰ　　　**④** い―Ⅱ

問 2　下線部ⓑについて，山本さんは，「自由」が歴史上様々な意味で使われている
　　ことに興味を持ち，次の**資料4〜資料7**で使われている「自由」の意味の解釈
　　を試みた。資料の解釈について述べた文として**適当でないもの**を，後の①〜④の
　　うちから一つ選べ。

資料4　ある運動の指導者がデモ参加者に向けて行った 1963 年の演説

> 　私には夢がある，ジョージアの赤土の丘の上で，かつての奴隷の子孫たち
> とかつての奴隷主の子孫たちが，友愛に固く結ばれて一つのテーブルを囲
> む，そんな日が来るという夢が。（略）**自由**の鐘を鳴り響かせることができた
> とき，（略）神が創り給うた子供たち全てが（略）手と手を取り合う日が訪れ
> るのを早めることができるのです。

資料5　1911 年発刊の文芸雑誌の創刊号に発表された文章

> 　元始，女性は太陽であった。真正の人であった。今，女性は月である。（略）
> **自由解放！**　女性の**自由解放**という声はずいぶん久しい前から私たちの耳も
> とにざわめいている。（略）それでは私の願う真の**自由解放**とは何だろう。言
> うまでもなく，潜んでいる天賦の才を，偉大な潜在能力を，十二分に発揮さ
> せることにほかならない。

資料6　ある議会で 1789 年に採択された宣言

> 　国民議会を構成するフランス人民の代表者たちは，（略）人間の持つ譲渡不
> 可能かつ神聖な自然権を荘重な宣言によって提示することを決意した。（略）
> 第一条　人間は**自由**で権利において平等なものとして生まれ，かつ生き続け
> 　　　る。

サンプル問題

資料7　ある政治結社の指導者が行った 1942 年の演説

> （略）私はどこに向かったらいいのか，そして 4 億のインド人をどこに導いたらいいのか。（略）もし彼らの目に輝きがもたらされるとすれば，**自由**は明日ではなく今日来なければならない。それゆえ私は「行動か死か」を会議派に誓い，会議派は自らにそれを誓った。

資料 4：歴史学研究会編『世界史史料 11』
資料 6：田中正人訳
資料 7：歴史学研究会編『世界史史料 10』

① 「自由」を，主に一党独裁体制の打倒という意味で使っていると考えられる資料がある。

② 「自由」を，主に人種差別の撤廃という意味で使っていると考えられる資料がある。

③ 「自由」を，主に性差別の克服という意味で使っていると考えられる資料がある。

④ 「自由」を，主に植民地支配からの独立という意味で使っていると考えられる資料がある。

問 3　会話文中と**資料 2** の空欄　イ　に入れる語**う・え**と，**資料 2** の指令が出された背景として**適当でない**と考えられる出来事 A〜D との組合せとして正しいものを，後の①〜⑧のうちから一つ選べ。

イ に入れる語
う　国家主義者　　　　　　え　共産主義者

背景として適当でないと考えられる出来事
A　コミンフォルムの結成　　　　B　中華人民共和国の成立
C　日韓基本条約の締結　　　　　D　ソ連の核兵器保有

① う － A 　　② う － B 　　③ う － C 　　④ う － D
⑤ え － A 　　⑥ え － B 　　⑦ え － C 　　⑧ え － D

問 4　下線部ⓒの疑問を持った豊田さんは，先生が示した**資料3**を基に追究し，分かったことを次の**メモ**にまとめた。**メモ**中の空欄　　**ウ**　　に入れる語句**お〜き**と，空欄　　**エ**　　に入れる文**X・Y**との組合せとして正しいものを，後の**①**〜**⑥**のうちから一つ選べ。

メモ

> **資料3**中，　　**ウ**　　における死者数の多くは，ある地域の紛争に対し，アメリカ合衆国が北爆によって本格的な軍事介入を始めた戦争によるものと思われる。この戦争で，米ソは直接衝突していない。また，この戦争は日本にも影響を及ぼし，　　**エ**　　。

　　ウ　　に入れる語句

お　ａの時期のアジア　　　　**か**　ｂの時期のアジア　　　　**き**　ｃの時期の中東

　　エ　　に入れる文

X　国内でこの戦争に反対する運動が広がる一方，米軍基地の継続使用を条件として，沖縄の施政権がアメリカ合衆国から返還された

Y　国際貢献に対する国内外の議論の高まりを受けて，国連平和維持活動等協力法（PKO協力法）が成立した

①　ウ － お　　　エ － X　　　　**②**　ウ － お　　　エ － Y

③　ウ － か　　　エ － X　　　　**④**　ウ － か　　　エ － Y

⑤　ウ － き　　　エ － X　　　　**⑥**　ウ － き　　　エ － Y

問 5　下線部ⓓに関連して，東西両陣営の経済力について表した次の**資料 8** は，アメリカ合衆国，ソ連・ロシア，日本のそれぞれの国の一人当たり GDP を示したものである。**資料 8** のグラフに該当する国について述べた文として最も適当なものを，後の①～④のうちから一つ選べ。

資料 8　3 国の一人当たり GDP

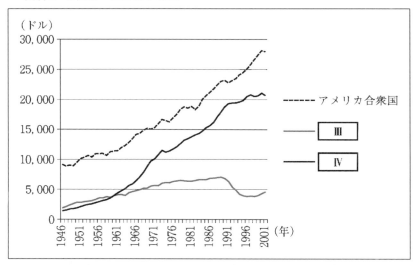

(Angus Maddison, *The World Economy* (Academic Foundation, 2007), Volume 2 より作成)

① **Ⅲ**のグラフにおける 1990 年代前半の急激な下降は，バブル経済の崩壊によるものと考えられるので，**Ⅲ**は日本である。

② **Ⅲ**のグラフにおける 1990 年代の急激な下降と緩やかな上昇は，天安門事件に対する経済制裁と改革開放政策の推進によるものと考えられるので，**Ⅲ**はソ連・ロシアである。

③ **Ⅳ**のグラフにおける 1950 年代後半から 1970 年代前半にかけての著しい上昇は，高度成長期に相当すると考えられるので，**Ⅳ**は日本である。

④ **Ⅳ**のグラフにおける 1950 年代以降の上昇は，アメリカ合衆国との競合の過程に相当し，1990 年代前半の上昇の鈍化は，体制の崩壊によるものと考えられるので，**Ⅳ**はソ連・ロシアである。

第 2 問　「歴史総合」の授業で，世界の諸地域における近代化の過程について，ある主題を設定して，資料を基に追究した。次の文章 A・B を読み，後の問い（**問1〜6**）に答えよ。（資料には，省略したり，現代日本語に訳すなど改めたりしたところがある。）

A　最初の授業では，アジアにおける憲法の制定に着目し，次の二つの資料を踏まえて主題を追究した。

資料 1　オスマン帝国憲法（ミドハト憲法）

第 4 条　　[ア]　陛下はカリフ位によりイスラーム教の守護者であり，全臣民の元首にして　[ア]　である。

第 8 条　オスマン国籍を有する者は全て，いかなる宗教及び宗派に属していようとも，例外なくオスマン人と称される。

第 11 条　帝国の国教はイスラーム教である。この原則を遵守し，かつ人民の安全または公共良俗を侵さない限り，帝国領において認められているあらゆる宗教行為の自由，及び諸々の宗派共同体に与えられてきた宗教的特権の従来通りの行使は，国家の保障の下にある。

第 113 条　国土の一部で混乱が生じることが確実な証拠や徴候が認められる場合，政府はその地域に限り臨時に戒厳を布告する権利を有する。（略）国家の安全を侵害したことが，（略）明らかになった者を神護の帝国領から追放し，退去させることはただ　[ア]　陛下のみが行使することのできる権限である。

資料 2　大日本帝国憲法

第 1 条　大日本帝国は万世一系の天皇が統治する。

第 3 条　天皇は神聖であり，侵してはならない。

第 7 条　天皇は帝国議会を召集し，開会・閉会・停会及び衆議院の解散を命じる。

第 11 条　天皇は陸海軍を統帥する。

第 14 条　天皇は戒厳を布告する。

資料 1：大河原知樹・秋葉淳・藤波伸嘉訳

問 1 井上さんは，二つの憲法を比較して，どちらも君主の大権が強いことに気付き，その規定が関係した歴史上の出来事を調べて，次の**カード 1** にまとめた。**資料** 1 及び**カード 1** 中の空欄　ア　～　ウ　に当てはまる語句の組合せとして正しいものを，後の①～⑥のうちから一つ選べ。

カード 1

オスマン帝国

資料 1 の憲法制定の中心となったミドハト=パシャは，　ア　によって第 113 条の規定を理由として追放され，憲法も，ロシアとの戦争をきっかけに停止された。

日　本

ロンドンで開かれた国際会議で　イ　ことが，**資料 2** の　ウ　で規定された天皇の大権を侵すものだとする批判が起こり，首相が狙撃される事件のきっかけとなった。

---

① **ア** ― 教皇　　　　**イ** ― 国際紛争解決の手段としての戦争を否定した
　 ウ ― 第 7 条

② **ア** ― スルタン　　**イ** ― 国際紛争解決の手段としての戦争を否定した
　 ウ ― 第 14 条

③ **ア** ― ツァーリ　　**イ** ― 勅許を得ないまま通商を取り決めた
　 ウ ― 第 14 条

④ **ア** ― 教皇　　　　**イ** ― 勅許を得ないまま通商を取り決めた
　 ウ ― 第 11 条

⑤ **ア** ― スルタン　　**イ** ― 政府が兵力量を取り決めた
　 ウ ― 第 11 条

⑥ **ア** ― ツァーリ　　**イ** ― 政府が兵力量を取り決めた
　 ウ ― 第 7 条

問2　水谷さんは，**資料1**と**資料2**が制定された経緯を調べ，共通の背景と個別の事情を次の**カード2**にまとめた。**カード2**中の空欄　エ　～　カ　に当てはまる語句の組合せとして正しいものを，後の①～④のうちから一つ選べ。

カード2

> **憲法制定の共通の背景**
>
> どちらも　エ　ため，欧米型の政治体制を整える必要に迫られていた。
>
> **憲法制定の個別の事情**
>
> ・オスマン帝国は，　オ　から議会制の立憲国家に変わることで，領内の非ムスリムをつなぎ止め，国民として位置付けようとした。
>
> ・日本が立憲国家・議会政治の道に進んでいったことの国内的な背景には，幕末以来，　カ　公議政体の考え方が国内で広く唱えられていたことが挙げられる。

① エ ─ 欧米列強の政治的圧力や経済的進出に対抗する
　 オ ─ イスラームの規範に基づく国家
　 カ ─ 広く意見を集めて政治を行うべきとする

② エ ─ 欧米列強の政治的圧力や経済的進出に対抗する
　 オ ─ 政教分離に基づく世俗国家
　 カ ─ 翼賛体制で挙国一致を目指す

③ エ ─ 社会主義思想に基づく革命運動を抑える
　 オ ─ 政教分離に基づく世俗国家
　 カ ─ 広く意見を集めて政治を行うべきとする

④ エ ─ 社会主義思想に基づく革命運動を抑える
　 オ ─ イスラームの規範に基づく国家
　 カ ─ 翼賛体制で挙国一致を目指す

サンプル問題

問　3　本多さんは，**資料1・資料2**の分析を深めるために，近代にアジアでつくられた他の憲法の資料を探し，清でつくられた憲法原案である**資料3**の「欽定憲法大綱」を見付けて，**カード3**にまとめた。**カード3**中の空欄　**キ**　に当てはまる文として最も適当なものを，後の**①**〜**④**のうちから一つ選べ。

資料3　清の欽定憲法大綱（1908年）

一　皇帝は帝国を統治し，万世一系であって，永遠に尊び推戴される。
二　皇帝は神聖にして尊厳であり，侵してはならない。
四　皇帝は議院を召集・開閉会・停止・延長及び解散する権限を持つ。
六　皇帝は陸海軍を統率し，軍制を編定する権限を持つ。

資料3：歴史学研究会編『世界史史料9』

カード3

資料3と資料1・資料2との比較
・**資料1**との比較：**資料3**には宗教についての規定は見られない。
・**資料2**との比較：**資料3**と共通する内容や表現が非常に多い。
資料3の特徴やつくられた経緯についての考察
キ　　。

① **資料1**と違って宗教についての規定がないのは，文化大革命によって伝統的な文化や宗教が批判されたことが反映していると考えられる

② 太平天国の鎮圧に当たった有力官僚が軍備や工業に西洋の技術を導入する改革を行う過程で，**資料1**を手本としてつくったものと考えられる

③ **資料2**を制定する際の参考にするために，伊藤博文らが訪問して内容を調査した憲法に当たると考えられる

④ 日露戦争で日本が専制体制のロシアに勝利したことに刺激されて，**資料2**を参考にしてつくったと考えられる

B　次の授業では，いくつかのグループに分かれて，さらに主題を追究した。そのうち二つのグループは，近代の教育制度に着目した。

問 4　後藤さんのグループでは，教育の目的について，次の**資料4・資料5**を取り上げて，ドイツと日本の事情について考察した。下線部ⓐの指している**ドイツの事例**として適当なもの**あ・い**と，下線部ⓑの指している**日本の事例**として適当なもの**う・え**と，**二つの資料に共通する意図**として適当なもの a・b との組合せとして正しいものを，後の①～⑧のうちから一つ選べ。

資料4　フィヒテ『ドイツ国民に告ぐ』（1807～1808 年）

> （略）国家が国民教育を行えば，これが唯一の出費になるということを国家に確信させなければならない。（略）今まで，国家の収入の大半は常備軍の維持に費やされている。ⓐこの常備軍への出費の結果については既に見てきた。これでもう十分であろう。（略）これに対して，私たちが提案している国民教育を広く導入したならば，若者の世代が成長して教育を終了した瞬間から，国家は，特別な軍隊を全く必要としなくなり，今までにないような軍隊を持つことになるだろう。（略）さらに，国家が適切に労働者階級を助けることができれば，彼らは国家のことを即座に理解し，その指示を感謝を持って受け入れるのである。

資料5　森有礼の閣議提案（1887 年）

> （略）今，国の品位をして進んで列国と肩を並べ永遠の偉業を固めようと欲すれば，国民の志気を培養発達するを以てその根本となさざるを得ない，これすなわち教育一定の標準ではないか，（略）顧みるに欧米の人民上下となく男女となく一国の国民は，各々一国を愛するの精神を存し，団結して解くことができない，（略）願わくばⓑ忠君愛国の意を全国に普及せしめ，一般教育の標準を達し，（略）そうすれば国の基礎を強固にし国勢を維持することに役立つところが多い。

ドイツの事例

あ　ヴェルサイユ条約による軍備の制限

い　ナポレオン戦争におけるプロイセンの敗北

サンプル問題

日本の事例

う　新体制運動の推進

え　教育勅語の発布

二つの資料に共通する意図

a　国民に教育を行き渡らせることで，国力を高めようと考えている。

b　教育を通して近隣諸国への理解を深め，国際協調を実現しようとしている。

	①	②	③	④	⑤	⑥	⑦	⑧
ドイツの事例	あ	あ	あ	あ	い	い	い	い
日本の事例	う	え	う	え	う	え	う	え
二つの資料に共通する意図	a	b	b	a	a	b	b	a

問5　リンさんのグループでは，次の**資料6・資料7**を参考にして日本の義務教育制度の普及について考察し，これまでの学習内容も踏まえて**パネル**にまとめた。3人の**パネル**の正誤について述べた文として最も適当なものを，後の①～④のうちから一つ選べ。

資料6　小学校における児童の就学率の変遷

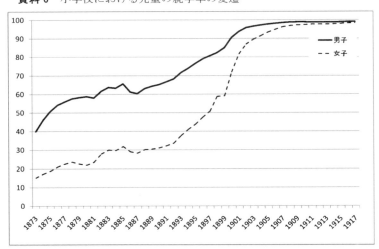

（『日本近代教育百年史』より作成）

資料7　学制（「学事奨励に関する被仰出書」）（1872年）

　　（略）行いや人格を正しくして，知識を広げ，才能や技芸を伸ばすことは，学問によらなければ不可能なことである。これが学校が設置されている理由であって，（略）今から以後は，一般の人民は華族・士族・卒族・農民・職人・商人及び女性や子供の別なく，必ず村に学ばない家が一軒もなく，家には学ばない人が一人もいないようにしようとするのである。人の父兄である者は，この趣旨を十分認識し，その子弟を慈しみ育てる情を厚くし，子弟を必ず学校に通わせるようにしなければならない。

リンさんのパネル

　1890年代に女子の就学率が急激に上昇している背景には，欧米の多くの国で女性に選挙権が与えられるようになり，日本でも，**資料7**でうたわれている目的が人々に受容されるようになったことがあったと考えられる。

一条さんのパネル

　女子の就学率が常に男子よりも低い背景には，**資料7**にあるように，政府が女子への教育は不要であると考えていたことが影響したと考えられる。

早瀬さんのパネル

　1910年頃に**資料7**の目的がほぼ達成された背景の一つとして，日清戦争後の近代産業の発展により国民生活が向上したことがあったと考えられる。

① リンさんのパネルのみ正しい。
② 一条さんのパネルのみ正しい。
③ 早瀬さんのパネルのみ正しい。
④ 全員のパネルが正しい。

問 6　問 1〜問 5 でみた考察の内容から，この 2 回の授業で追究した主題として最も適当なもの I ・ II と，その主題をさらに追究するための資料として最も適当なもの i 〜iii との組合せとして正しいものを，後の①〜⑥のうちから一つ選べ。

授業で追究した主題

I　国民国家の形成の過程において，どのような施策が採られただろうか。

II　大量消費社会が形成されるために必要な要素として，どのようなものがあるだろうか。

その主題をさらに追究するための資料

i　国際的経済機構の加入国数を示した統計

ii　国籍の資格を定めた法律の条文

iii　ラジオ・テレビの普及率を示すグラフ

① I ― i　　　　② I ― ii　　　　③ I ― iii

④ II ― i　　　　⑤ II ― ii　　　　⑥ II ― iii

歴史総合

問題番号	設　問		正　解	チェック
第1問	問1		③	
	問2		①	
	問3		⑦	
	問4		③	
	問5		③	
第2問	A	問1	⑤	
		問2	①	
		問3	④	
	B	問4	⑧	
		問5	③	
		問6	②	

●正解は，大学入試センターから公表されたものをそのまま掲載しています。

第1問　標準 ── 東西冷戦の対立構造

問1　正解は③

┃会話文の読み取りをもとに，ヨーロッパにおける東西冷戦について，地理的要素
┃を含めた基本的な知識を問う問題である。

空欄アに入れる文

あ．誤り。い．正しい。 山本さんの3番目の発言に「資料1の写真の題名は，西側
陣営の宣伝の意味もあり付けられたのでしょう」とある。したがって，「**自由へ
の跳躍**」とは，東側陣営から「自由」な西側陣営への亡命を意味する題名だと判
断できる。無条件降伏後，**ドイツは連合国によって分割占領され**，1949年に英・
米・仏西側3カ国の占領地域に**西ドイツ（ドイツ連邦共和国）**が，東側のソ連の
占領地域に**東ドイツ（ドイツ民主共和国）**が成立した。東ドイツ内にあったベル
リンも東西に分断され，ベルリンの壁が築かれて**東西冷戦の象徴**となった。その
後，東ヨーロッパ諸国の民主化にともない，**ベルリンの壁は1989年に開放**され，
1990年には東ドイツが西ドイツに編入される形で**ドイツ統合**が実現した。

対立を表した図

Ⅰ．正しい。Ⅱ．誤り。東西冷戦とは，戦後における**アメリカを中心とした西側の
資本主義陣営**と，**ソ連を中心とした東側の社会主義陣営**間の厳しい外交的・軍事
的緊張関係をいう。西側陣営には，アメリカと西ヨーロッパ諸国・カナダが結成
した**NATO（北大西洋条約機構）**諸国や，日本・韓国などの国々が属した。一
方の東側陣営には，ソ連とソ連占領下で社会主義体制が樹立された東ヨーロッパ
諸国による**WTO（ワルシャワ条約機構）**諸国や，中国（のち，中ソ論争でソ連
と対立）・北朝鮮などが属した。したがって，東ヨーロッパ諸国がソ連と同じ色
に塗られた**Ⅰ**が正しい。**Ⅱ**は第一次世界大戦における連合国と同盟国（ドイツ・
オーストリア・ブルガリア・オスマン帝国）の対立を示したものである。

よって，**い─Ⅰ**が正しい組合せとなり，**③**が正解。

問2　正解は①

┃資料4〜7における「自由」の意味について歴史的背景もふまえて考察する問題。
┃資料の順番と選択肢の順番が対応していないことに留意しよう。

資料4…「かつての奴隷の子孫たち」などから，**②**の「人種差別の撤廃」に関する
　　　ものだと判断できる。**アメリカの黒人解放運動（公民権運動）**の指導者キング牧
　　　師の演説（1963年）である。

資料5…「女性の自由解放」などから，**③**の「性差別の克服」に関するものだと判
　　　断できる。冒頭の「元始，女性は（実に）太陽であった」から，史料学習をして
　　　いる受験生は，女性解放を目指した**青鞜社の雑誌『青鞜』**の，平塚らいてうによ

る創刊の辞（1911 年）だとわかるだろう。

資料 6 …「人間は自由で権利において平等」などから，**フランス革命初期に国民議会が採択した人権宣言**（1789 年）だとわかる。人間の自由・平等，圧政への抵抗権を自然権とし，その維持のために人民主権・三権分立などを規定した。①〜④の中に適当な選択肢は見当たらない。①が「一党独裁体制の打倒」ではなく「絶対王政の打倒」ならふさわしい。

資料 7 …「インド人」の「自由は明日ではなく今日来なければならない」から，④の「植民地支配からの独立」に関するものだと判断できる。「**インド独立の父**」とされる**ガンディー**の演説（1942 年）で，イギリスの植民地であったインドは第二次世界大戦後に独立を果たした。

よって，①が該当する資料がなく不適となる。

問 3　正解は⑦

東西冷戦初期における日本政府の動向と，その背景となった国際情勢の変化についての知識を問う問題である。

空欄イに入れる語

う．**不適**。え．**適当**。資料 2 のタイトルには「公職からの排除に関する件（1950年 9 月 5 日閣議決定）」とある。先生の 3 番目の発言に「資料 2 は，冷戦の時代の初期に」出されたとあることなどからも，共産主義者の排除に関係するものであろうと推測できる。**国家主義者**などの公職追放は，1946 年 1 月の **GHQ（連合国軍最高司令官総司令部）** の指令により始まったので時期が合わない。資料 2 は東西冷戦の激化を背景に，共産主義者を公職や企業から追放した**レッド=パージ**に関係するものである。アメリカの対日占領政策の転換によってレッド=パージが実行される一方，国家主義者や軍国主義者らの公職追放解除が始まった。

背景となる出来事

Ａ．**適当**。コミンフォルムは共産党の国際情報機関。アメリカによる西ヨーロッパ諸国復興支援のための**マーシャル=プラン**に対抗して，1947 年に結成された。

Ｂ．**適当**。第二次世界大戦後の中国では国共内戦が再燃し，蔣介石の国民党を台湾に追いやった中国共産党によって，**1949 年に中華人民共和国が建国**された。内戦で共産党が優位になった 1948 年以降，アメリカの対日占領政策が転換したことを押さえておきたい。

Ｃ．**不適**。日韓基本条約の締結は 1965 年であり，ともに西側陣営に属する日本と韓国の国交正常化などに関わるものなので，時期・内容ともに合わない。

Ｄ．**適当**。1949 年にソ連が原子爆弾の実験に成功し，アメリカの核優位が崩れた。

よって，**え―Ｃ**の組合せとなり，⑦が正解。なお，背景となる出来事として，**1950年 6 月に朝鮮戦争が勃発**したことも押さえておこう。

問4　正解は③

┃メモから東西冷戦下で起こった戦争を想起し，資料3（グラフ）でその時期と地
┃域を特定するとともに，その戦争が日本に及ぼした影響について考察する問題。

空欄ウに入れる語句

メモの「アメリカ合衆国が**北爆**によって本格的な軍事介入を始めた戦争」は**ベトナ
ム戦争**（1965〜73年）である。したがって，か「**b の時期のアジア**」が当てはまる。
1961年，アメリカが支援する独裁国家**南ベトナム（ベトナム共和国）**政府と**南
ベトナム解放民族戦線**の間で内戦が始まり，これに介入したアメリカは1965年以
降，解放民族戦線を支援する**北ベトナム（ベトナム民主共和国）**への爆撃（北爆）
を開始した。戦闘は地上戦にも拡大したが米軍は敗北し，1973年の**ベトナム（パ
リ）和平協定**調印により撤退した。米軍の後ろ盾を失った南ベトナムの首都サイゴ
ン（現ホーチミン市）は1975年に陥落し，翌年**北ベトナムによる南北統一**が達成
された。東西冷戦下で起きた朝鮮戦争やベトナム戦争は，米ソ両大国の「代理戦
争」とも位置づけられる。

お．**不適。**「**a の時期のアジア**」における死者は，中国の国共内戦（1945〜49年）
　や，ベトナムと旧宗主国フランスとの間のインドシナ戦争（1946〜54年）など
　アジア諸地域での独立戦争，朝鮮戦争（1950〜53年）などによるものである。

き．**不適。**「**c の時期の中東**」における死者は，ソ連のアフガニスタン侵攻（1979
　〜89年）や，イラン=イラク戦争（1980〜88年）などによるものである。

空欄エに入れる文

X．**適当。**ベトナム戦争で日本は米軍の後方基地となり，**ベ平連（ベトナムに平和
　を！市民連合）**などによる反戦運動が高まった。また，沖縄は**沖縄返還協定**によ
　り翌**1972年に祖国復帰**が実現したが，「基地の島」としての課題は今日も残った
　ままである。

Y．**不適。**国連平和維持活動等協力法（PKO協力法）は，イラクのクウェート侵
　攻に対し，アメリカ軍を主力とする多国籍軍がイラクを攻撃した湾岸戦争（1991
　年）を機に，1992年に制定された。

よって，**ウ—か，エ—X**が正しい組合せとなり，**③**が正解。

問5　正解は③

┃資料8（アメリカ，ソ連・ロシア，日本各国の一人当たりGDP（国内総生産）
┃を表したグラフ）が示す特徴的な変化を，歴史的事象に関連づけて読み解く問題。

①**誤文。**Ⅲは日本が高度経済成長期にあった1955〜73年の経済成長が鈍い。した
　がって，もう一方のソ連・ロシアだと判断できる。1990年前後からの急激な下
　降は，民主化運動や連邦内共和国の独立要求が強まった結果，**1991年に共産党
　の解散とソ連邦の解体が宣言**されて既存の体制が崩壊し，国内が混乱した影響に

よる。かつてのソ連（ソヴィエト社会主義共和国連邦）は共産党による一党支配のもと，15共和国で構成される連邦国家であった。ソ連邦解体後は，旧ソ連の領土と人口の過半を占めるロシア共和国が継承国となり，ロシア連邦と改称した。ウクライナやベラルーシ・バルト三国・カザフスタンなどは，ソ連邦解体の過程で独立した国々である。

②誤文。**天安門事件**は中国で1989年に起こった事件である。北京の天安門広場に集まった民主化を求める学生たちを，中国政府が軍隊を使って弾圧して多数の死傷者を出し，西側諸国から人権問題だと非難された。**改革開放政策**も中国で1978年から鄧小平により推進された一連の経済政策のことで，市場経済の導入などが図られた。

③正文。④誤文。**高度経済成長期**（1955〜73年）の日本は，世界に例をみない**年平均10％以上の実質経済成長率**を記録し続けた。よって，Ⅳが日本のデータである。1970年代前半の下降は，**1973年の第1次石油危機**で高度経済成長が終わり，翌年に**戦後初のマイナス成長**を記録したことを，1990年代に入ってからのマイナスや成長の鈍化は，**バブル経済崩壊後の平成不況**を示している。

CHECK バブル経済（1986〜91年）
超低金利政策のもと，過剰資金が投機目的で株式や土地などに大量投資され，株価や地価が異常に高騰した。実態経済からかけ離れたこの状況を，「バブル（泡）」にたとえてバブル経済と呼んだ。バブル経済崩壊とともに株価や地価は暴落し，企業の倒産やリストラ，不良債権を抱えた金融機関の経営危機などを招き，その後遺症は平成不況となって長く続いた。

NOTE 東西冷戦の終結と東欧の民主化・ソ連邦解体

1979	ソ連の**アフガニスタン侵攻** →東西冷戦の激化と，侵攻の泥沼化によるソ連の疲弊（1988〜89 撤退）
1985	**ゴルバチョフ**がソ連共産党書記長に就任
1986	ソ連で**チョルノービリ（チェルノブイリ）原発事故** ゴルバチョフによる**グラスノスチ**（情報公開）と**ペレストロイカ**（「建て直し」＝改革）が本格化
1987	米ソ，**中距離核戦力（INF）全廃条約**に調印
1989	ポーランドの総選挙で非共産党政権誕生 →東ヨーロッパ諸国に波及（**東欧革命**） **「ベルリンの壁」開放** ブッシュ米大統領・ゴルバチョフ書記長が地中海のマルタで会談，**東西冷戦終結**を宣言 ルーマニア革命（チャウシェスク大統領夫妻処刑）
1990	ゴルバチョフ，ソ連大統領就任 **東西ドイツ統合**
1991	**WTO（ワルシャワ条約機構）解散** ソ連で共産党保守派によるクーデタが発生も失敗 →ソ連共産党解散 各共和国が独立してゴルバチョフ大統領辞任，**ソ連邦解体** →ロシア連邦（エリツィン大統領）を中心に，旧ソ連の11共和国が**独立国家共同体（CIS）**設立

第2問 ── 世界の諸地域における近代化の過程

A 《近代アジアにおける憲法制定》

問1 正解は⑤

▌資料1（オスマン帝国憲法）と資料2（大日本帝国憲法）を用いた史料問題だが，
▌オスマン帝国と統帥権干犯問題に関する基本的な知識が問われている。

空欄アがわからなくても，統帥権干犯問題が理解できていれば，空欄イ・ウから正
解が導ける。

ア．資料1の第4条に「　ア　陛下はカリフ位によりイスラーム教の守護者であ
り」とあるので，イスラーム世界の世俗君主の称号であるスルタンが当てはまる。
教皇（法王とも）はローマ＝カトリック教会の最高位の聖職，ツァーリは帝政時
代のロシア君主の称号である。

イ．カード1の「ロンドンで開かれた国際会議」は，「天皇の大権を侵すものだと
する批判が起こり，首相が狙撃される」とあわせて考えれば，1930年のロンド
ン海軍軍縮会議のことだとわかる。浜口雄幸内閣（立憲民政党）は，英・米・日
間の補助艦総保有量を概ね10：10：7とするロンドン海軍軍縮条約に調印した。
したがって，「政府が兵力量を取り決めた」が当てはまる。「国際紛争解決の手段
としての戦争を否定した」のは1928年にパリで調印された不戦条約，「勅許を得
ないまま通商を取り決めた」のは江戸幕府が1858年に調印した日米修好通商条
約のことである。

ウ．政府によるロンドン海軍軍縮条約への調印（1930年）を「天皇の大権を侵す
ものだとする批判」から始まった政争を統帥権干犯問題という。したがって，資
料2の第11条（統帥権）が当てはまる。統帥権は軍隊の最高指揮権で，大日本
帝国憲法では天皇の大権事項とされ，内閣から独立して（統帥権の独立），陸軍
は参謀総長，海軍は軍令部長が輔弼（ほひつ）の任にあたるとされた。浜口内閣が軍令部の
反対を押し切って条約に調印したことを，軍令部や野党立憲政友会・右翼は統帥
権の干犯であると攻撃して政治問題化し，右翼による浜口首相狙撃事件も起こっ
た（翌年死亡）。ただし，兵力量の決定は憲法第12条が定める天皇の編制大権に
属し，内閣（陸海軍大臣）の輔弼事項であるとするのが憲法解釈の通説であった。

問2 正解は①

▌オスマン帝国と日本が憲法を制定した共通の背景と，個別の事情を考察する問題。

空欄オ（オスマン帝国の事情）がわからなくても，空欄エ（憲法制定の共通の背
景）と空欄カ（日本の事情）がわかれば正解が得られる。

エ．大日本帝国憲法は1889年に発布された（オスマン帝国憲法は1876年）。帝国

主義の時代であり，「欧米列強の政治的圧力や経済的進出に対抗する」が当てはまる。「社会主義思想に基づく革命運動」は，1917 年のロシア革命など後年に起きた出来事である。

オ．**オスマン帝国**（1299～1922 年）は今日のトルコを中心とした巨大な**イスラーム王朝**で，資料 1 の第 4 条や，第 11 条の「帝国の国教はイスラーム教である」などから，「政教分離に基づく世俗（この場合は，非宗教的の意味）国家」とはいえず，「イスラームの規範に基づく国家」が適当だとわかる。この時期のオスマン帝国内では民族独立運動が激しさを増しており，ヨーロッパ列強の干渉を受けて弱体化の危機にあった（いわゆる「東方問題」）。第 8 条や第 11 条では，非ムスリム（非イスラーム教徒）も国民と規定して，その信教の自由や宗教的特権を認めており，「議会制の立憲国家に変わることで，領内の非ムスリムをつなぎ止め，国民として位置付けようとした」事情が読み取れよう。

カ．薩摩・長州両藩の武力倒幕派に対し，土佐藩が提唱した政治構想が「**公議政体**」である。天皇のもと将軍徳川慶喜を議長とした列侯会議を構想し，**大政奉還**へとつながった。その後，新政府における五箇条の誓文の「**万機公論**」や，政体書の三権分立などの構想に反映され，その理念は**自由民権運動の国会開設要求**へと継承された。したがって，「広く意見を集めて政治を行うべきとする」が正しい。「翼賛体制」や「挙国一致」は日中戦争・太平洋戦争期における国民総動員体制に関係した語である。

問 3　正解は④

　資料 3（清の欽定憲法大綱）の特徴や作成の経緯を，カード 3 の情報を参考に，東アジア情勢と結びつけて考察させる問題である。

資料 3（清の欽定憲法大綱）の作成はタイトルにあるように 1908 年である。

①誤文。**文化大革命**は第二次世界大戦後の中国で，文化・思想闘争の形をとって 1966～76 年に展開された権力闘争である。

②誤文。太平天国の乱が起きたのは 1851～64 年である。その後の清国における西洋技術導入の改革を**洋務運動**という。

③誤文。資料 3 の作成は 1908 年，資料 2（大日本帝国憲法）の制定は 1889 年なので，時系列的に誤りである。資料 2 制定の際に**伊藤博文**らが参考にしたのは**ドイツ憲法**である。

④正文。資料 3 の作成は 1908 年で，**日露戦争（1904～05 年）**後間もない時期である。立憲体制の日本が専制体制の帝政ロシアに勝利したことに刺激され，資料 2（大日本帝国憲法）を参考にして作成されたことがうかがえる。カード 3 が，資料 2 と資料 3 の共通点を指摘していることも重要なヒントになる。

サンプル問題

B　標準　《近代の教育制度》

問4　正解は⑧

近代教育に関するドイツ（資料4）と日本（資料5）の資料をもとに，両国の個別の事例と，共通する教育の意図を読み解かせる問題である。

ドイツの事例

資料4はタイトルにあるように1807～08年のものである。

あ．不適。 ヴェルサイユ条約（1919年）は第一次世界大戦の講和条約で，資料4から約1世紀後のことである。したがって，もう一方の「い」が適当だと判断できる。

い．適当。 1807～08年当時のプロイセンは，**ナポレオン戦争**に敗れてフランス軍の占領下にあった。資料4『ドイツ国民に告ぐ』は占領下の首都ベルリンで，哲学者**フィヒテ**がドイツ民族の精神的覚醒を訴えた連続講演である。この時期のドイツはプロイセン王国をはじめとする多数の王国や君主国・自由市が分立した状態にあり，その後，**プロイセン=フランス戦争（普仏戦争）**に勝利した**プロイセン**によって統一され，1871年に**ドイツ帝国**が建国された。

日本の事例

資料5は1887年のものである。

う．不適。 **新体制運動**は日中戦争中の1940年に**近衛文麿**を中心に始まった政治運動である。**大政翼賛会**や**産業報国会**の結成など，全国民による戦争協力体制が構築された。

え．適当。 資料5「森有礼の閣議提案」の下線部ⓑ「**忠君愛国の意を全国に普及せしめ**」るため，1890年に**教育勅語**が発布された。

二つの資料に共通する意図

a．適当。b．不適。 資料4には「若者の世代が成長して教育を終了した瞬間から，国家は，特別な軍隊（下線部ⓐにある常備軍のこと）を全く必要としなくなり，今までにないような軍隊を持つことになるだろう」とあり，資料5は「そうすれば国の基礎を強固にし国勢を維持することに役立つところが多い」と結んでいる。したがって，「国民に教育を行き渡らせることで，国力を高めようと考え」る共通の意図が読み取れる。国民国家（問6の〔解説〕参照）の形成が目指され，帝国主義へと向かっていく19世紀の時代背景から考えても，正解が導けるであろう。

よって，ドイツの事例—い，日本の事例—え，二つの資料に共通する意図—aが正しい組合せとなり，⑧が正解。

問5　正解は③

資料6（就学率の変遷に関するグラフ）と資料7（学制の現代語訳）を読み解き，日本の義務教育制度の普及とその背景について考察させる問題である。

リンさんのパネル…誤り。「1890年代に女子の就学率が急激に上昇している」のは正しいが，欧米で女性に選挙権が与えられたのはイギリスの1918年，アメリカの1920年など第一次世界大戦後が多い。**総力戦体制下での女性の貢献**が評価されたことなどが背景にある。

一条さんのパネル…誤り。「女子の就学率が常に男子よりも低い」のは正しいが，資料7は「女性や子供の別なく，…学ばない人が一人もいないようにしようとする」と国民皆学をうたっている。したがって，「政府が女子への教育は不要であると考えていた」は誤りである。

早瀬さんのパネル…正しい。「1910年頃に資料7の目的（国民皆学）がほぼ達成された背景」として，教科書等で主に取り上げられているのは，1900年に**義務教育期間の授業料が廃止**されたことだが，他の2人のパネルが誤りなので，消去法によっても正しいと判断できる。

よって，早瀬さんのパネルだけが正しく，**③**が正解。

問6　正解は②

第2問全体に関わる主題と，その主題をさらに追究するための資料として最も適当なものを考察させる，歴史総合らしい出題である。

授業で追究した主題

Ⅰ．**適当。** Ⅱ．**誤り。**中間Aの主題は「近代アジアにおける憲法制定」，中間Bの主題は「近代の教育制度」で，時期は19世紀から20世紀初頭である。したがって，全体に関わる主題はⅠの「**国民国家の形成**の過程において，どのような施策が採られただろうか」が適当である。Ⅱの「**大量消費社会**」は1920年代以降，アメリカに始まった生活様式であり，時期も内容も合わない。

その主題をさらに追究するための資料

ⅰ．**不適。** ⅱ．**適当。** ⅲ．**不適。**主題Ⅰの「国民国家」とは，18～19世紀にヨーロッパを中心に成立した近代国家を，国民統合に重点を置いてとらえた概念である。したがって，その形成過程における施策を追究するための資料としては，ⅱの「国籍の資格を定めた法律の条文」が適当である。中間Aの資料1（オスマン帝国憲法）の第8条が，国籍に関する規定であることもヒントになろう。ⅰの「国際的経済機構の加入国数」やⅲの「ラジオ・テレビの普及率」は国民国家の形成における施策とは結びつかず，時期もともに20世紀の事柄である。

よって，Ⅰ－ⅱが正しい組合せとなり，**②**が正解。

チェックリスト

トライした日付と採点結果を書こう！
問題は答え合わせをして終わりではなく，必ず解説も確認すること。
自分が苦手な時代の分析をして，対策に生かそう。

		1回目		2回目	
		日付	採点結果	日付	採点結果
時代別の演習	第1章 テーマ史	／	／ 8問	／	／ 8問
	第2章 原始・古代	／	／ 7問	／	／ 7問
	第3章 中世	／	／ 8問	／	／ 8問
	第4章 近世	／	／ 8問	／	／ 8問
	第5章 近現代	／	／10問	／	／10問
実戦問題	試作問題 第1問 歴史総合	／	／25点	／	／25点
	第2問 テーマ史	／	／15点	／	／15点
	第3問 原始・古代	／	／15点	／	／15点
	第4問 中世	／	／15点	／	／15点
	第5問 近世	／	／15点	／	／15点
	第6問 近現代	／	／15点	／	／15点
	※ 歴史総合	／	／11問	／	／11問

※サンプル問題

TO DO

- [ ]
- [ ]
- [ ]
- [ ]
- [ ]
- [ ]
- [ ]
- [ ]

MEMO